www.ingramcontent.com/pod-product-compliance
Lightning Source LLC
LaVergne TN
LVHW010406070526
838199LV00065B/5904
* 9 7 8 9 3 6 9 0 8 3 5 1 0 *

فکرِ نو

(حصہ اول)

(سہ ماہی 'ثالث' کے شماروں سے منتخب مضامین)

مرتب:

اقبال حسن آزاد

© Eqbal Hasan Azad

Fikr-e-Nau - Part:1 *(Literary Essays)*

by: Eqbal Hasan Azad

Edition: November '2024

Publisher :

Taemeer Publications LLC (Michigan, USA / Hyderabad, India)

ISBN 978-93-6908-351-0

9 789369 083510

مرتب یا ناشر کی پیشگی اجازت کے بغیر اس کتاب کا کوئی بھی حصہ کسی بھی شکل میں بشمول ویب سائٹ پر اَپ لوڈنگ کے لیے استعمال نہ کیا جائے۔ نیز اس کتاب پر کسی بھی قسم کے تنازع کو نمٹانے کا اختیار صرف حیدرآباد (تلنگانہ) کی عدلیہ کو ہو گا۔

© اقبال حسن آزاد

کتاب	:	**فکرِ نو** (حصہ اول)
مرتب	:	**اقبال حسن آزاد**
صنف	:	تحقیق و تنقید
ناشر	:	تعمیر پبلی کیشنز (حیدرآباد، انڈیا)
سالِ اشاعت	:	۲۰۲۴ء
صفحات	:	۹۸
سرورق ڈیزائن	:	تعمیر ویب ڈیزائن

فہرست

(۱) اکیسویں صدی میں اردو زبان و ادب کی اہمیت و معنویت	محمد شارب	6
(۲) مولانا آزاد کی سیاسی و انتظامی صلاحیتیں	شہاب الدین رحمانی	16
(۳) ہندی فلموں میں اردو کی خوشبو	ڈاکٹر منور عالم	22
(۴) نسوانی جذبات کی شاعرہ۔۔۔پروین شاکر	سجاد رشید	29
(۵) راحت اندوری۔۔۔ایک احتجاجی شاعر	ڈاکٹر محمد یسین	36
(۶) سوالات کے آئینے میں۔۔۔شعر شور انگیز	سلمان عبد الصمد	42
(۷) شمیم حنفی کے ڈراموں کا فنی مطالعہ	نیر وسید	56
(۸) اجتہادی لہجے کا شاعر۔۔۔وہاب دانش	ڈاکٹر انور ایرج	62
(۹) اسرار گاندھی کا تخلیقی ارتقاع	ڈاکٹر ارشد اقبال	69
(۱۰) کٹی ہوئی شاخ۔۔۔ایک تجزیہ	ڈاکٹر خالدہ ناز	77
(۱۱) 'جانے پہچانے لوگ' کا تنقیدی چہرہ	ڈاکٹر قسیم اختر	81
(۱۲) مرحلہ دشت میں اک عہد کی تعمیر کا تھا: منظر اعجاز	تفضیل احمد	86
(۱۳) عبد الصمد کے ناول 'جہاں تیرا ہے یا میرا' کا تنقیدی جائزہ	ڈاکٹر شازیہ کمال	91

● محمد شارب

اکیسویں صدی میں اردو زبان وادب کی اہمیت اور معنویت

زبان کا ارتقا انسانی خیالات ونظریات کے ارتقا پر منحصر ہے۔ زبان متعدد ارتقائی عمل سے گزرتی ہے۔ دنیا میں جتنی چیزیں ہیں اس میں مسلسل تبدیلیاں ہوتی رہتی ہیں۔ زبان کی فطرت میں تغیر ہے۔ زبان کے ارتقائی عمل میں سینکڑوں برس لگ جاتے ہیں۔ صوت، الفاظ اور قواعد کی شکل میں یہ تبدیلیاں ظاہر ہوتی ہیں۔ بعض زبانیں ایسی ہیں جن کی رفتار دھیمی ہوتی ہیں۔ جب ایک قوم کے لوگوں سے دوسری قوم کے لوگوں کا سابقہ پڑتا ہے، جب ایک قبیلے کے لوگ دوسرے قبیلے سے رابطے قائم کرتے ہیں تو ان کی بولیاں، زبانیں اور ادب دوسروں کی زبان وادب سے اثر پذیر ہوتی ہیں۔ متعدد قومیں مل کر کسی زبان وادب کی پرورش کرتی ہیں۔ یہ کسی واحد قوم کا کارنامہ نہیں ہوتا ہے۔ اس لیے ماہر لسانیات تغیر زبان وادب کو ارتقا قرار دیتے ہیں۔ اسی ضمن میں پروفیسر عبدالقادر سروری لکھتے ہیں کہ:

> ''جب دونسلوں کے لوگ آپس میں میل جول کرتے ہیں تو اس کے نتیجہ میں ایک نئی زبان پیدا ہوتی ہے۔ یہ نئی پیدا ہونے والی زبان اپنی سابقہ زبانوں سے زیادہ قوی اور مالدار ہوتی ہے۔ اس کی اچھی مثال انگریزی، فارسی اور اردو زبانیں ہیں۔''
>
> (زبان اور علم زبان)

ادب اپنے حقیقی معنوں میں کسی مذہب کا پابند نہیں ہوتا اور نہ ہی کسی مقام میں مقید ہوتا ہے۔ ادب خواہ کسی مقام، زبان یا فکر سے منسوب ہو اگر واقعی ادب ہے تو اس کی اپیل آفاقی ہوگی۔ دنیا کی شاہکار ادبی تخلیقات اس کا بین ثبوت ہیں اور وہ بلاتفریق مذہب وملت یا علاقہ وقومیت پوری انسانیت کا قیمتی ورثہ ہیں۔ ادب کی اس آفاقیت سے انکار نہیں کیا جا سکتا کہ ہر ادبی تخلیق بہر حال کسی نہ کسی نظریہ کا مرہون منت ہے اور اپنے زمان ومکان سے گہرے طور پر متاثر ضرور ہوتا ہے۔ ادب کے ہمہ گیر اور تجزیاتی مطالعہ و تحقیق کے لیے یہ بھی ضروری ہے کہ ہم اپنی نظم ونثر کے علاقائی اور قدری فروغ وارتقا پر گہری نظر رکھیں تاکہ مطالعہ ناقص اور غیر متوازن نہ ہو۔ لیکن تاریخی صداقت سے بھی کسی کو انکار نہیں کہ اردو زبان کی پیدائش اور

اس کے آغاز وارتقا میں دیگر عوامل کی طرح اسلام ایک اہم ترین عامل رہا ہے۔ اسلامی کلچر کے عناصر اربعہ صوفیا، علما و مجتہدین، تجار اور مجاہدین نے اپنی گراں قدر خدمات اور کارناموں سے اس برصغیر کو ہمہ جہت انداز میں متاثر کیا۔ بالخصوص اردو کی تشکیل اور فروغ وارتقا میں ان کے کارنامے غیر معمولی اہمیت کے حامل ہیں۔ بقول پروفیسر اعجاز حسین:

> ''جس وقت اردو کی تخلیق ہو رہی تھی ملک میں مذہبی فضا ہر شعبۂ زندگی پر حاوی تھی، سلطنت چاہے کسی کی رہی ہو مگر مذہب شہنشاہی کر رہا تھا ہر طبقہ اس کے آگے سر جھکائے تھا۔ چنانچہ شمال یا جنوب جہاں بھی اردو کی قدیم تصانیف یا تالیفات دستیاب ہوئیں وہ مذہب ہی کی آوردہ معلوم ہوتی ہیں۔''

(مذہب اور شاعری)

اکیسویں صدی کے تناظر میں ادب پر گفتگو کروں تو ضروری سمجھتا ہوں کہ ادب کی وضاحت اور اس کے جو مفہوم مختلف لغات میں بطور اصطلاح بیان کیے گئے ہیں ان پر ایک نظر ڈالوں۔ ادب انسان کے شعور کو بیدار کرنے، اشیاء کی حقیقت اور انسانی زندگی کے متعلق سوالات قائم کرنے اور ان کا حل تلاش کرنے کا اہل بناتا ہے۔ انسانی روح میں موجود اپنی اصل کی طرف لوٹنے کی شدید خواہش پیدا کرتا ہے۔ اس میں فطرت کی کئی صورتیں نمایاں ہیں جو خالق کائنات کے وجود کا احساس دلاتی ہیں۔ لیکن یہ مذہب کا بدل نہیں ہوسکتا، کیوں کہ انسان کو راہ نجات پر چلانا اور اخروی زندگی میں کامیابی سے ہمکنار کرانا مذہب کی رہنمائی کے بغیر ممکن نہیں۔ ذیل میں ادب کے معنی و مفہوم کو مختلف لغات میں کیسے پیش کیا گیا ہے اس کا جائزہ لیتے ہیں۔ منتخب اللغت میں ادب کے یہ معنی درج ہے:

> ''عمدہ طریقہ، لغت، عقل، ہر چیز کی حفاظت کرنا۔''

(منتخب اللغت، ص ۴۱)

فیروز الغات میں الحاج مولوی فیروز الدین نے ادب کا مفہوم یہ درج کیا ہے:

ہر چیز کی حد کو نگاہ میں رکھنا، بزرگی یا عظمت کا پاس، تہذیب، تمیز، زبان کا سرمایہ، عروض، معانی اور بیان وغیرہ۔　(فیروز الغات، ص ۷۷)

فرہنگ ادبیات کے مئولف سلیم شہزاد لکھتے ہیں:

> ''ارسطو نے بوطیقا میں ادب کو زبان کے ذریعے نمائندگی کرنے والے ایک فن سے تعبیر کیا تھا جس کا کوئی نام نہیں۔ اسی سلسلے میں دوسرا قدیم خیال یہ تھا کہ علم وفن اور ہر قسم کی

تحریر ادب ہے۔ ادب میں اگر چہ علم کا معنوی پہلو موجود ہے لیکن تہذیب و تادیب کی مزید معنوی سطحوں کے تلازم میں یہ اصطلاحی فن کو بھی محصور کرتی ہے۔''

عابد حسین کا ماننا ہے کہ:

''ادب شاعر یا ادیب کے سوئے ہوئے خیالات کے سانچے میں ڈھل کر خود زندگی بن جاتا ہے۔''

دیوندر اسر کہتے ہیں:

''ادب میں انسان کے ہزار چہرے ہوتے ہیں۔ ایک دوسرے سے مختلف کبھی الجھتے ہوئے کبھی ہم آغوش ہوتے ہیں۔''

ممتاز حسین کا نظریہ ہے کہ:

''ادب کا تعلق براہ راست انسان کی زندگی سے ہے۔''

درج بالا اقوال کی روشنی میں ہم یہ کہہ سکتے ہیں کہ ادب میں زندگی کے مسائل پیش کیے جاتے ہیں۔ ادب کی سب سے زیادہ کوشش یہ ہوتی ہے کہ وہ اپنے عہد کے خیالات، حالات اور نتائج کو بہتر الفاظ میں حسن ترتیب کے ساتھ محفوظ کرے۔ دوسرے معنوں میں ادب اس تحریر کو کہتے ہیں جس میں روزانہ بولی جانے والی زبان کے الفاظ اور خیالات بہتر انداز سے سمجھایا جائے۔ مثلاً کسی کے خیال میں ادب زندگی کا ترجمان ہے تو کسی کے الفاظ میں ادب زندگی کی ہو بہو عکاسی کا نام ہے، کوئی اسے زندگی کا آئینہ کہتا ہے تو بعض کے مطابق یہ سماج کا عکاس ہے۔ اصلاً ادب سے وہ تحریر مراد ہے جو قاری، سامع یا ناظر کے لیے ذہنی و فکری اصلاح اور نفس کے انبساط کا باعث بنے''ادب'' ہے۔

اب میں اصل موضوع پر آتا ہوں جب سے اس کرۂ عرض پر انسان کی تخلیق ہوئی ہے تہذیب سے اس کا رشتہ لازم وملزوم کا رہا ہے یعنی اسی سے اسے عروج نصیب ہوئی اور جب اس کی تہذیب مسخ ہوئی تو اس کی شناخت کا بھی خاتمہ یقینی ہو گیا۔ گویا کہ انسانی تہذیب اس روئے زمین پر عروج آدم خاکی کا سب سے اہم وسیلہ رہی ہے۔ ادب اسی تہذیب کے شکم کا ایک اہم عضو ہے۔ تہذیب نے نہ صرف ارتقاء کی منازل تک جانے کی راہیں ہموار کی ہیں بلکہ قدم بہ قدم انسان کی رہنمائی بھی کی ہے۔ انسانی ارتقاء کی داستانیں ہمیں تاریخ کے وسیلے سے موصول ہوئی ہیں۔ تاریخ کی اس شاہراہ پر انسانی فتوحات کی نشاندہی کرنے والے سنگ میل نصب ہیں، وہیں ترقی معکوس کی خبر دینے والی بڑی بڑی تختیاں بھی آویزاں ہیں۔ انسانی فتوحات، شکستوں اور اس کی لغزشوں کی پوری تفصیل تاریخ کے اوراق میں درج ہیں۔ انسانی سماج کی سرگرمیوں کو زمانی تواتر اور جغرافیائی

حوالوں کے ساتھ بیان کرنا تاریخ کا منصب ہے۔اس کے برعکس ادب افراد کے اندر موجود جہان رنگ و بو کا خبر نامہ ہے۔ یہ اس کے باطن کی دنیا سے ہمیں روشناس کراتا ہے، اس کے دل و دماغ کے نہاں خانوں کا سیاح ہے۔اس کی نفسیات کی گزرگاہوں کا مخبر ہے اور یہی ادب ہمیں اس عمل کے دوران انسانی زندگی،اس کی کاوشوں کی تاریخ اور یہ دنیا جہاں ہم رہتے ہیں، اس کے متعلق ہمیں باشعور اور زیادہ باخبر بناتا ہے۔علم کو انسان کی تیسری آنکھ کہا گیا ہے۔ادب عالم امکاں کی زمین پر پڑنے والا تمنا کا دوسرا قدم ہے۔

ادب محسوسات کی دنیا میں سیاحی کا نام ہے اور یہ سفر انسان کی ذات سے اس کائنات تک پھیلا ہوا ہے۔ ادب ایک آفاقی حقیقت ہے۔اعلی ادب کی ایک خوبی یہ بیان کی جاتی ہے کہ زمان و مکاں کی قید سے آزاد ہوتا ہے۔ اس کے برعکس ادب سماج کا آئینہ ہے۔ادب میں فرد کی ذات کی عکاسی ہو یا فن کار کے ذریعے اظہار ذات کا عمل۔ اس حوالے سے ادب فرد کے ذات کا بھی آئینہ ہے۔انفرادی اور اجتماعی زندگی کی نمائندگی ادب کی معنویت اور اہمیت کا اہم ثبوت ہے۔اب یہ سوال ذہن میں عود کر آتا ہے کہ ادب کیا ہے؟اس کی غرض و غایت کیا ہے اور اسے کیسا ہونا چاہیے؟اس صدی میں ادب کی کیا معنویت ہے؟ان تمام سوالات کے جوابات آگے آرہے ہیں۔ادب کے وجود کو سمجھنے،اسے تسلیم کرنے اور بعض اوقات اسے اپنے مخصوص مفادات میں استعمال کرنے کے لیے،موجودہ صدی کے حالات یہ بتاتے ہیں کہ اب تو ادب کے وجود پر بھی سوالیہ نشان لگنے لگے ہیں۔

اکیسویں صدی کی دو دہائیاں گزر چکی ہیں۔گزشتہ صدیوں کے دوران سائنس کی ترقی نے جس معاشرہ اور شعور کو جنم دیا ہے اس میں ماضی کی ترقی ہی اصل ترقی ہے اور اسی کی تگ و دو اور اس کی حصول کو انسانی کامیابی کے لیے معیار مانا گیا ہے۔آج جس دنیا میں ہم جی رہے ہیں اس میں روحانی قدریں ایمان، اخلاق،انسانیت، ایثار اور خدا ترسی کے جذبات و احساسات کو وہ قوت حاصل نہیں جو صدیوں پہلے تھی۔ وقت کے ساتھ نئے پیمانے اور نئے معیار سامنے آرہے ہیں جن میں پرانی اشیاء اپنے معانی سے محروم ہوتی جارہی ہیں۔یہ عمل اس قدر سفاکانہ ہے کہ ہمارے نام نہاد تعلیمی اور مذہبی ادارے اور شخصیات بھی اس آندھی سے محفوظ نہیں۔بقول مخمور سعیدی:

ایک اجنبی دنیا اب جینا مقدر ہو گیا مانوس تھی جس سے نظر، دھندلا وہ منظر ہو گیا
روک سکتے تھے بھلا کب تک زمام وقت کو بگڑا نظام روز و شب ہر لمحہ خودسر ہو گیا

بغیر ادب کے انسانی زندگی کا تصور بے معنی ہے۔ادب انسان کا ایک ناگزیر حصہ ہے جس کا تعلق اس کی اندرونی اور روحانی دنیا سے ہے۔سائنس تو اس دنیا کو تسلیم کرنے سے رہی،مناظروں کی حد تک سمجھا بھی دیا جائے تو صدیوں کی صنعتی ترقی نے اس مذہب بیزار معاشرہ کو جنم دیا ہے۔اور اس میں جس قسم کی

زندگی کو وقت کی ضرورت قرار دیا گیا ہے اس میں ادب جیسی چیزوں کے لیے بظاہر کوئی خاص جگہ نہیں۔ یہ صرف مسلمانوں ہی کا مسئلہ نہیں دیگر زبانوں کے ارباب فکر بھی اسی مسئلے سے دوچار ہیں۔ وہاں کی تہذیبی شناخت اور زبان پر خوفناک سایہ منڈلا رہا ہے اس نے انہیں فکرمند بنا دیا ہے۔ لیکن ہمیں اپنی زبان وادب کے متعلق بحث ومباحث مقصود ہے۔ ابھی چند سال قبل ہی ہمارے یہاں (جھارکھنڈ) غالباً ۲۰۱۶ء میں جب ہائی اسکول اور انٹر کالج میں اردو اساتذہ کی آسامیاں آئیں تھیں تو اس میں صرف ٹی۔جی۔ٹی (ہائی اسکول) میں کل ۴۴۸ آسامیاں ریاستی حکومت نے نکالی تھی جو اردو آبادی کے لحاظ سے ناکافی تھی۔ اس ضمن میں حکومت کو غلط معلومات فراہم کرائی گئی تھی کہ اردو بچوں کی تعداد اسکولوں میں کم ہے جب کہ حقیقت اس کے برعکس تھی۔ اور یہ سب سوچی سمجھی منظّم سازش کے تحت انجام پا رہا تھا جو حکومت کا یہ فعل بے حد خطرناک تھا۔ سارے کاغذات جھوٹی خبروں اور دلائل کی بنیاد پر تیار لیے گئے۔ نتیجتاً آبادی کے لحاظ سے سنسکرت زبان نے اردو زبان پر سبقت حاصل کر لی۔ بقول حفیظ میرٹھی:

عجیب لوگ ہیں کیا خوب منصفی کی ہے ہمارے قتل کو کہتے ہیں، خودکشی کی ہے

اس بحالی میں تقریباً ۳۰ فیصد سیٹیں ایس۔سی، ایس۔ٹی کے لیے محفوظ کر دی گئیں جواب تک خالی ہیں جب کہ ہونا تو یہ چاہیے تھا کہ اگر مسلسل تین بار اگر کسی مضمون میں کوئی درخواست نہیں آتی ہے تو اسے جنرل سیٹ سے پر کر دینی چاہیے لیکن ہمارے رہنمایانِ اردو خواب غفلت میں پڑے رہے، نتیجتاً وہ سیٹیں خالی ہی رہیں اور اردو زبان لے کر پڑھنے والے بچے مزید اردو اساتذہ سے محروم رہے۔ چہ جائکہ ۸۵۔۸۰ کے قریب پی۔آر۔ٹی والوں کے لیے مختص کر دی گئیں۔ جب کہ پی۔جی۔ٹی (انٹر کالج) میں ایک بھی سیٹ مختص نہیں تھی لیکن کیا ہوا؟ نام نہاد محبان اردو جنہیں ہم منافقان اردو سے بھی تعبیر کر سکتے ہیں نے کوئی اقدام نہیں کیا۔ ایسے موقعے پر سبھی اردو پروفیسران، لیڈران اور اساتذۂ اردو گرم لحاف میں نیند کے مزے لیتے رہے۔ تبھی ہم پر یہ عقدہ کھلا کہ ہمارے ادارے اور رہنما خواب خرگوش میں کھوئے ہوئے ہیں اور ان کے بچے سائنس اور ٹکنالوجی کی پڑھائی دہلی، ممبئی اور بنگلور جا کر پڑھ رہے ہیں، اردو زبان کی آبیاری اور اس کے فروغ میں یہ کیوں کر حصہ لیں۔ ہاں البتہ اتنا ضرور تھا کہ اس سلسلے سے جو ہلکا پھلکا احتجاج ہوا انہیں کی جانب سے ہوا جنہیں کوئی اردو ادب میں جانتا تک نہیں، یوں بھی ہمارے یہاں اردو کے اکثر تعلیمی اداروں میں زبان وادب کے تحفظ کا مسئلہ کوئی مسئلہ نہیں ہے۔ وہ شاید زبان کو مٹتی ہوئی اپنی آنکھوں سے دیکھنے کے خواہاں ہیں۔ لیکن شاید وہ اس بات کو بھول رہے ہیں کہ کسی زبان کا ختم ہونا اس کی تہذیب کا مٹنا ہے جس کی زد میں ان کی بھی نسلیں آج نہیں تو کل ضرور آئیں گی۔ کم وبیش یہی صورتحال ریاست بہار کی بھی

ہے جہاں حالیہ اردو لکچرر کی ایک سو آسامیاں آئیں ہیں جن میں ایس۔سی ، ایس۔ٹی والوں کے لیے غالباً ۴۰-۳۸ سیٹیں مختص کی گئیں ہیں جو کہ امیدوار نہ ہونے کی وجہ کر بیشتر خالی ہی رہیں گی جو کسی المیے سے کم نہیں لیکن ہمارے لیڈران، نام نہاد اردو کے محافظ برادران کی جانب سے اس پر کوئی ردعمل نہیں آیا۔اگر ہمارے رہنما اس پر توجہ نہیں فرمائیں گے تو مستقبل میں اس کے منفی نتائج سے روبرو ہونا پڑے گا۔اگر ہماری زبان ہی معدوم ہو جائے گی تو ہم اپنے خیالات کا اظہار بھلا کس طرح کریں گے؟اگر ہماری زبان پہ کوئی آنچ آتی ہے تو ہماری تہذیبی شناخت مجروح ہوتی ہے، ہمارے احساسات ، خیالات و ارادے سبھی متاثر ہوتے ہیں۔زبان و ادب کے سلسلے سے ڈاکٹر محی الدین قادری زور رکچھ یوں قمطراز ہیں:

> ''پس زبان کی واضح تعریف ان لفظوں میں کی جاسکتی ہے کہ زبان انسانی خیالات اور احساسات کی پیدا کی ہوئی ان تمام عضو اور جسمانی حرکتوں اور اشاروں کا نام ہے جن میں زیادہ تر قوت گویائی شامل ہے اور جن کو ایک دوسرا انسان سمجھ سکتا ہے اور جس وقت چاہے اپنے ارادے سے دہرا سکتا ہے۔''
>
> (ہندوستانی لسانیات، ص ۲۶)

ہم تو اپنے ذاتی مفاد کے بغیر جوٹھے ہاتھ سے مکھی تک نہیں اڑا سکتے۔اردو زبان و ادب کی تبلیغ و اشاعت کے لیے اتنا بڑا عزم بھلا کون لے کر چلے؟اور جو لوگ زبان و ادب کے تحفظ کے ڈھکوسلے کرتے ہیں وہ جلسہ و مشاعرے کی محفلیں سجانے میں ہی اپنی ناموری اور زبان اردو کی بہتری سمجھتے ہیں جو ریاکاری اور منافقت کے سوا کچھ نہیں۔ان سے زبان و ادب کی حفاظت کی خاطر اقدام کی امید کرنا بے معنی ہے۔ضرورت اس بات کی ہے کہ ہم نوجوان نسل اپنی زبان و ادب کی بقا اور اس کی ترقی کے لیے آگے آئیں ، احتجاج کریں،قربانیاں دیں اور حکومت وقت کے سامنے سنجیدگی سے اپنے مطالبے رکھیں۔کسی بھی زبان و ادب کے ارتقا کی کہانی قوم و ملت کی تہذیب و ثقافت کے عروج سے وابستہ ہوا کرتی ہے۔اس کی نشو و نما فوراً نہیں ہوتی ہے،خاص لمحہ یا خاص وقت میں نہیں ہوتی ہے بلکہ اس کے لیے جہد مسلسل،سماجی میل ملاپ اور سب سے بڑی قومی و ملی اتحاد کی ضرورت ہوتی ہے۔یقین مانیے وہ دن دور نہیں جب اس ریاست میں بھی اردو کی کھیتی لہلہائے گی اور اس کی فصلیں ہماری نسلیں کاٹیں گی۔تبھی جا کر ہماری تہذیب کی بقا کی حفاظت ہوسکتی ہے اگر تہذیب محفوظ ہوتی ہے تو زبان و ادب کی حفاظت بھی یقینی ہوسکتی ہے، بقول ساغر صدیقی:

اگر چہ ہم جا رہے ہیں محفل سے نالۂ دل فگار بن کر مگر یقیں ہے کہ لوٹ آئیں گے نغمۂ نو بہار بن کر

اسی پس منظر میں ''ہندوستانی لسانیات کا خاکہ'' (از جان بیمز) کا ترجمہ پیش کرتے ہوئے

سید احتشام حسین مقدمے میں اس طرح اپنے خیالات کا اظہار کرتے ہیں:

"یہ بتانا تو بہت مشکل ہے کہ زبان کسے کہتے ہیں لیکن سمجھنے کے لیے کہا جا سکتا ہے کہ زبان آوازوں کے ایک ایسے مجموعہ کا نام ہے جسے انسان اپنا خیال دوسروں پر ظاہر کرنے کے لیے ارادتاً نکالتا ہے اور ان آوازوں کے معنی معین کر لیے گئے ہیں۔ تا کہ کہنے اور سننے والے کے یہاں تقریباً ایک ہی جذبہ پیدا ہو۔ الفاظ ان ذہنی تصویروں کی ملفوظی علامتیں ہیں جنہیں ہم دوسروں کے ذہن تک پہنچانا چاہتے ہیں۔ اس طرح زبان ایک بڑا پیچیدہ موضوع بن جاتی ہے۔"

(ہندوستانی لسانیات کا خاکہ، ص ۲۶)

زمانۂ قدیم میں آگ کی ایجاد ایک بڑی ایجاد سمجھی جاتی تھی لیکن اس سے بھی بڑی ایجاد زبان کی تخلیق ہے۔ زبان کی حد تک اگر ہم جائزہ لیں تو یہ ایسا علم ہے جس میں لسانیات کے مسائل بیان کیے جاتے ہیں۔ اس سے زبان کی ماہیت، تشکیل، ارتقا، زندگی کا خاتمہ کے متعلق آگاہی حاصل ہوتی ہے۔ لسان خیالات کا ذریعہ اظہار ہے۔ بات چیت کرنے اور اپنے احساسات و خیالات کو دوسروں تک پہنچانے کے لفظی وسیلے کو بھی زبان کہا جاتا ہے۔ قادر مطلق کی جانب سے نوع انسان کو قوت گویائی حاصل ہوئی ہے۔ یہی وجہ ہے کہ انسان کو 'حیوان ناطق' کہا جاتا ہے۔ کیوں کہ وہ بول سکتا ہے۔ کھل کر اپنے جذبات، احساسات اور خیالات کا اظہار کر سکتا ہے۔ جب سے انسان نے اس دنیائے آب وگل میں آنکھ کھولی ہے اس زمانۂ قدیم سے زبان کا بول بالا ہے۔ جس چیز نے آدمی کو حیوانیت کی پستی سے اٹھا کر انسانیت کی بلندی پر لا کھڑا کیا۔ اس کے اظہار کا ذریعہ زبان کے علاوہ اور کیا ہو سکتا ہے؟ زبان اور انسانی افکار کا تعلق چولی دامن کا ساتھ ہے۔ زبان علم لسانیات کی اصطلاح میں ملفوظ آوازیں ہیں جو انسان اپنے منہ سے قصداً ادا کرتا ہے اور اس کے ذریعہ وہ اپنے مافی الضمیر کو دوسروں پر ظاہر کرتا ہے۔ انسان ان آوازوں کو جب ہم حروف کی مدد سے قلمبند کر دیتے ہیں تو ایسی قلمبند کی ہوئی تحریروں کو زبان کہتے ہیں۔ اور اردو کے تعلیمی اداروں میں جھانکیں تو انکشاف ہوگا کہ ہم اپنے تعلیمی اداروں میں بچوں کو اس لیے بھیجتے ہیں کہ وہ مغرب کی بے دینی اور بے ہودگیوں سے بچیں، اسلامی ذہنیت ان کے اندر پیدا ہو، وہ اردو زبان وادب سے آشنا ہو کر اس میں موجود اسلامی خیالات اور اخلاقی نظام کو اختیار کریں۔ مگر حقیقت یہ ہے کہ ہماری زبان، ادب اور تہذیبی اقدار کے لیے خود ہمارے ادارے سے زیادہ خطرناک کوئی ادارہ نہیں، استثنائی صورتحال ہر جگہ موجود ہے اور اب اسی کے سہارے اس زبان و تہذیب کی رگوں میں تازہ لہو اس کی زندگی کا ضامن ہے۔ کاروبار کی برکات نے تعلیمی اداروں کو نہیں بخشا۔ اکثر ایسے اداروں میں ارباب اقتدار ایک منافقانہ ذہنیت کے ساتھ اپنے مفادات حاصل کرنے کے لیے قوم و مذہب کے ہمدرد بن کر جمع ہو جاتے ہیں۔ ہمارے ہاں بیش تر اساتذہ اور مجلس

انتظامیہ کی مسند پر کنڈلی جمائے لوگ اس چولے کو اتار پھینکنے میں زیادہ دلچسپی رکھتے ہیں، جسے ہم اسلامی تہذیب کے نام سے موسوم کرتے ہیں۔ بات نیم انگلش کی ہو، انگریزی میڈیم اسکول کھولنے کی پیش کش ہو تو ہم اسے فوراً قبول کر لیتے ہیں۔ مگر وہیں دینی وعصری ادارے کے کھولنے کی بات ہوتی ہے تو اپنی بغلیں جھانکنے لگتے ہیں۔ حقیقت یہ ہے کہ جب بچے کسی طرح مغربی اطوار کی تقلید کرنا شروع کر دیتے ہیں تو یہی والدین انہیں فخر کی نگاہوں سے دیکھتے ہیں جس کا دوسرا پہلو تاریکیوں سے اٹا ہوا ہے۔ بقول اکبرالہ آبادی:

نئی تہذیب سے ساقی نے ایسی گرمجوشی کی   کہ آخر مسلموں میں روح پھونکی بادہ نوشی کی

کس کی مجال ہے جو اس کے خلاف لب کشائی کر کے اپنے آپ کو دقیانوسی ثابت کرے لیکن اس درمیان ہماری زبان، ہمارا مذہب اور تہذیب اس کے دفاع کے لیے کتنے قدم اٹھتے ہیں۔ یقیناً وہ ادارے لائق تحسین ہیں جو انگریزی میڈیم اسکولیں چلانے کے باوجود جلب منفعت کے حریص اور مخلصانہ طور پر قومی خدمت کا فریضہ انجام دے رہے ہیں اور اس قسم کی اسکولیں اسلامی تہذیب کا قلعہ ثابت ہو رہے ہیں۔ لیکن ان کی تعداد نمک میں آٹے کے مصداق ہیں۔ ہمارے تعلیمی ادراوں میں زبان وادب کی زبوں حالی ایک خطرے کی گھنٹی ہے جو اکیسویں صدی کی ابتدا ہی میں بجنے لگی ہے بلکہ بہت پہلے سے بج رہی ہے۔ ابھی تو دلی دور ہے یہ سب اس لیے ہو رہا ہے کہ ادب کا کیا ذکر ہے ہمارے لیے ہماری زبان بھی اب بے معنی ہوتی جا رہی ہے۔

ادب تو اب بیش تر وہ لوگ بھی نہیں پڑھتے جو ادبیات میں ایم۔اے، بی۔اے کی ڈگری حاصل کرتے ہیں، کیونکہ نوٹس اور شرح پڑھکر آپ ایم۔اے کا امتحان پاس کر سکتے ہیں اور کچھ رقم خرچ کر کے کسی بھی ادبی موضوع پر پی۔ایچ۔ڈی کی ڈگری حاصل کر سکتے ہیں۔ اعلیٰ تعلیم کی ڈگری کو حاصل کرنے کا گورکھ دھندا برسوں سے چل رہا ہے جو عصر حاضر میں بھی بدستور جاری ہے۔ اصل میں جو لوگ اس غلط کاریوں میں لگے ہوئے ہیں وہ ادب کے اعلیٰ معیار کو کھوکھلا کر رہے ہیں۔ میری نظر میں یہ بھی ادب کے بہت بڑے دشمن ہی ہیں جو غلط رواج کو فروغ دینے میں اپنی شان سمجھتے ہیں۔ یہ سب اسی لیے ہو رہا ہے کہ جس تجارتی ذہنیت کے مارے دنیا میں سانس لے رہے ہیں، وہاں ادب ایک لغو اور بے معنی سی چیز لگنے لگی ہے۔ جیسے جیسے کمرشیلزم زندگی کے سبھی شعبوں میں سیلاب کے پانی کی طرح داخل ہوتا جائے گا، اسی رفتار سے ادب جیسی چیزیں اپنی معنویت سے خالی ہوتی جائیں گی۔ یہ ہماری زندگی کی ایک تلخ حقیقت ہے اور بہت بڑا عیب بھی۔ ان قدروں کے پیروں تلے سے زمین کھسک رہی ہے۔

اس اکیسویں صدی میں ادب کی معنویت میں کافی تغیرات دیکھنے کو ملتے ہیں۔ اس کے باوجود اس حقیقت کا اظہار ضروری ہے کہ مذہب اور ادب اکیسویں صدی کے انسان کی بڑی ضروریات میں شامل ہیں۔ زبان وادب کے ذریعہ انسانیت اور تہذیب کو بیدار کرنا وقت کی ایک اہم ضرورت ہے اور یہی ادب کی

معنویت ہے۔ یہ سماج جو انسان کو الکٹرونک آدمی بنانے پر آمادہ ہے، جہاں بقول اقبال ''مشینوں کی زندگی انسان کے دل کی موت ہے۔ جہاں مادی ترقی کی شاہ راہ پر دوڑتے ہوئے انسان کے لیے انسان بن کر زندہ رہنا مشکل ہو گیا ہے۔ جہاں جسمانی ضروریات نے انسانوں کو اپنے اندرون کی دنیا سے بے نیاز کر دیا ہے''۔ اس دنیا میں انسان کو بحیثیت انسان بن کر جینے کے لیے ادب کی ضرورت ہے۔ یہی ادب کی معنویت ہے۔ادب انسان کو اس کے اندرون کے تقاضوں سے باخبر کرتا ہے۔انسان ادب کے ذریعہ نہ صرف اپنے دکھوں کو سمجھتا ہے بلکہ دوسروں کے دکھوں کو محسوس کر کے اس کا شریک غم بھی بن جاتا ہے۔ادب انسانیت کی جملہ قدروں کے ساتھ جینے کا سلیقہ عطا کرتا ہے۔ادب ہمارے جذبات کی بحر کی موجوں میں اضطراب پیدا کر کے اس طوفان سے آشنا کرتا ہے جو ہمیں نہ صرف خود فراموشی سے بلکہ خدا فراموشی کی کیفیت سے بھی باہر لا کر ایک بھرپور زندگی گزارنے کا موقع فراہم کرتا ہے۔ہمیں معیاری ادب کی تخلیق پر زیادہ توجہ مرکوز کرنے کی ضرورت کیوں کہ ادب تخلیق کرنا ہی سب سے بنیادی چیز اور اس کے بعد اس کی اشاعت کی ضرورت ہوتی ہے ۔ایک معیاری ادب جب منظر عام پر آئے گا تو اس کے مثبت نتائج و اثرات ہماری روزمرہ کی زندگی پر بھی مرتب ہونگے۔جس کے باعث انقلابی رجحانات دیکھنے کو ملیں گے کیوں کہ معیاری ادب انسان کو سنجیدہ بناتا ہے،تمیز عطا کرتا ہے اور سوچنے سمجھنے کا شعور دیتا ہے،تبھی تو بقول اکبرالہٰ آبادی:

بنو گے خسرواقلیم دل شیریں بیاں ہو کر　　جہانگیری کرے گی یہ ادا نورِ جہاں ہو کر

تہذتب کی روح زبان ہوتی ہے اور زبان کا آئینہ ادب ہوتا ہے۔تنقید نے ادب کو مشوروں سے، ہدایات سے نوازا اور اس کے نام فرمان بھی جاری کیے۔اس بات سے قطع نظر کہ ادب نے ان آوازوں پر کس حد تک کان دھرے ادب سماج کے اثرات سے بچ نہیں پایا۔انسانی فکر کی ترجمانی کا ذریعہ زبان ہی ہوتی ہے۔جہاں زبان اور الفاظ کے ذریعہ افکار و خیالات کی ترجمانی ممکن نہیں ہوتی ہے تو اشارے،نقوش،تحریر، پینٹنگ اور خاکوں وغیرہ سے کام لیا جاتا ہے۔یہ تمام چیزیں زبان کا درجہ رکھتی ہیں۔زبان کوئی ماہر لسانیات ایجاد نہیں کرتا ہے۔کسی بھی زبان کے ارتقا کی کہانی قوم وملت کی تہذیب وثقافت کے عروج سے وابستہ ہوا کرتی ہے۔گزشتہ صدیوں کے دوران سائنس کی ترقی نے انسانی زندگی کا چہرہ مہرہ بدل کر رکھ دیا۔ ادب چوں کہ انسانی زندگی کی نمائندگی کے منصب پر فائز تھا۔صدیوں کے اس بہیمانہ طلسم اور وقت کے گرد وغبار سے اس کا چہرہ آلودہ نہ ہو، یہ کیسے ممکن تھا؟ یہ سماجی اثرات اس قدر شدید تھے کہ اٹھارویں صدی میں مذہب کی موت کا اعلان کیا گیا اور انیسویں صدی میں ادب کے جاں بحق ہونے کی کی اطلاع دی گئی۔لیکن یہ دونوں اتنے سخت جاں نکلے کے اب بھی بقیدِ حیات ہیں اور اس کے شواہد عام زندگی میں قدم قدم پر موجود ہیں۔ بیسویں

صدی میں سائنس کی بے پناہ ترقی کے دوران توہم پرستی اور غیر حقیقی مظاہر کے رد کے لیے مشہور ہے۔ مگر اسی صدی کے دوران محیر العقول واقعات، جادو اور تخیل آرائی پر مبنی ناول، ہیری پاٹر، اس صدی کا بیسٹ سیلر ثابت ہوا۔ یہ بات قابل غور ہے کہ ادب اپنی تمام تر اہمیت اور افادیت کے باوجود مذہب کا بدل ثابت نہیں ہوسکتا۔

ادب میں بھی اخلاقی قدریں مذہب ہی کا فیضان ہے۔ شاعر یا ادیب انسانوں کے لیے نجات دہندہ ثابت نہیں ہوسکتا اگرچہ مذہب کی روح تک پہنچنے والے راستے ادب کے ذریعے ہموار ہو سکتے ہیں۔ ادب اور شاعر انسانوں کے لیے مکمل ہدایت کا سامان مہیا کرنے سے رہے، یہ منصب انبیاء اور پیغمبروں کا ہے۔ ادب کتاب ہدایت نہیں ہے۔ ہدایت کا سرچشمہ تو کلام ربانی ہے۔ پھر ادب کی معنویت کیا ہے؟ کلام ربانی میں ادب کی بیشمار خوبیاں موجود ہیں۔ اس عظیم کتاب کی لطافتوں اور گہرائیوں کو کماحقہ' سمجھنے کے لیے ادب کی مدد حاصل کی جاسکتی ہے۔ اگر ادب نہ ہوگا تو انسان دین کی آفاقیت اور عظمت کو سمجھنے سے قاصر ہوگا۔ ادب نہ ہوگا تو شدت پسندی کو فروغ حاصل ہوگا۔ دین کے نام پر آج چند ناسمجھ مذہبی لوگوں میں مذہبی تعصب، شدت پسندی، مسلکی اور گروہی عصبیت اور تشدد کی لہر اٹھی ہے۔ یہ سب مذہب کے اصل پیغام سے ناواقفیت کے سبب ہے۔ ادب اس شدت پسندی سے بچاؤ ثابت ہوسکتا ہے کہ ادب گرچہ اسی مذہبی تعلیمات کے زیر اثر صحیح، جس اخلاقی نظام کی طرف ہمیں لے جاتا ہے اس کا حاصل محبت، انسانیت نوازی، بھائی چارگی، عالمی اتحاد اور خدا ترسی ہے۔ اس لیے مدارس میں ادب کی تعلیم دی جاتی ہے تا کہ طالب علم مذہب کے اصل روح تک رسائی حاصل کر سکے، وہ مذہب جو آپس میں بیر رکھنا نہیں سکھاتا بلکہ اہل سیاست کی فریب کاریوں کی جال سے آزاد کر کے انسانوں کے ساتھ محبت کی زندگی گزارنے کا پیغام دیتا ہے۔ اور یہی زبان و ادب کی معنویت ہے جو اکیسویں صدی میں بے معنویت کی طرف دوڑتی ہوئی زندگی کے لیے آب حیات ثابت ہوسکتی ہے۔ ہمیں ضرورت اس بات کی ہے کہ اپنی زبان و ادب کا دامن ہاتھ سے نہ جانے دیں اور اس کی اشاعت و ترویج میں ہمیشہ کوشاں رہیں۔ اس بات کو ہمیں اپنے ذہن میں ہمیشہ ملحوظ رکھنی چاہیے کہ اگر ہم اپنی زبان و ادب کے تئیں بیدار و محتاط نہیں رہے تو ایک دن ایسا بھی آئے گا کہ ہماری تہذیبی شناخت اس صفحۂ ہستی سے مٹ جائے گی جس کے خاتمے کے ذمہ دار خود ہم ہی ہوں گے۔ اس کے فروغ کے لیے انفرادی و اجتماعی جدوجہد کی ضرورت ہے اور اس کی آبیاری کے لیے بالخصوص ان حضرات کو عملی طور پر اس کام کو انجام دینا ہوگا جو اردو کی کھاتے اور کماتے ہیں۔

● محمد شہاب الدین رحمانی قاسمی

مولانا آزاد کی سیاسی و انتظامی صلاحیتیں

شیخ خیرالدین کے صاحب زادے مولانا احمد محی الدین فیروز بخت ابوالکلام آزاد کی ولادت باسعادت ایام حج 11 نومبر 1888 بمقام مکہ مکرمہ، جزیرۃ العرب میں ہوئی۔ ایام طفلی میں ہی علم ودانش کی وہ تمام منزلیں سر کرلیں جسے عام طور پر عمریں لگ جایا کرتی ہیں۔ مولانا کے کارنامے کو دو حصوں میں تقسیم کیا جاسکتا ہے۔

(۱) آزادی سے قبل

(۲) آزادی کے بعد جسے جدید ہندوستان کی تعمیر کا نام بھی دیا جاسکتا ہے۔

میں نے ان کی زندگی کو دو حصوں میں اس لیے تقسیم کیا کہ آزادی سے قبل کی زندگی جدو جہد اور ملک آزاد کرانے میں گزر گیا جب تک ان کی عمر کی 59 بہاریں ختم ہوگیئں۔ آزادی کے بعد انہیں کام کرنے کا موقع ملا جسے انہوں نے ہندوستان کی تعمیر میں لگادی۔

وہ سیاسی رہنما تھے ہندوستان کی تشکیل میں ان کی بے پناہ قربانیان ان کی جیتی جاگتی کا ثبوت ہے۔ وہ شعلہ بیاں مقرر، سربکف مجاہد آزادی، صاحب نظر مفسر قرآن تھے۔ مولانا آزاد نے اپنی زندگی خود بنائی تھی۔ انہوں نے اپنی زندگی خود سنوارا اور نکھارا تھا۔ ان کی طبیعت ایسی تھی کہ وہ ہر چیز کو ہو بہو قبول کرنے کے بجائے اسے پرکھتے تھے۔ یہی وجہ ہے کہ مذہبی عقائد، خاندانی روایات، مشرقی تعلیمی نظام، برطانوی استعمار وغیرہ افتادطبع کی زد پر تھی۔ مولانا کی ذہن کی پرواز کا اندازہ کرنا مشکل تھا کہ تیرہ سال کی عمر میں جو بالغ ہونے کے زمانے سے پہلے بالغ ہو چکا تھا۔

آزاد ہندوستان سے پہلے مولانا کی زندگی اور بصیرت کو مقدمۃ الجیش کے طور پر دیکھا جاسکتا ہے کیوں کہ انہوں نے ہندوستان کی آزادی کے لئے اور جدید ہندوستان کی تعمیر کیلیئے جس بصیرت سے کام لیا اس کا بہت جلد اثر آزاد ہندوستان میں دکھا۔ آزادی سے قبل انہوں نے اپنی زندگی کا ایک طویل حصہ جیل کی سلاخوں میں گزارا کیوں کہ ایک تحقیق کے مطابق مولانا کی زندگی کا ہر ساتواں دن جیل میں گزرا۔

پی۔اے۔راجپوت اپنے ایک مضمون میں لکھتے ہیں کہ

''ابوالکلام آزاد جانتے تھے کہ مذہب کا لوگوں کے ذہنوں پر کتنا زبردست قابو ہوتا ہے۔اس لئے انہوں نے ایک خالص سیاسی تحریک کو مذہبی جھلک دے دی''

(ص 354 ابوالکلام آزاد ایک ہمہ گیر شخصیت)

مولانا قرآن مجید کا گہرا علم رکھتے تھے وہ نہ صرف مفسر تھے بلکہ مجتہد بھی تھے۔انہوں نے قرآنی آیات سے یہ ثابت کرنا چاہا کہ آزدی کی جدوجہد میں حصہ لینا اور انگریزوں کی غلامی کی زنجیروں سے آزادی حاصل کرنا نہ صرف مسلمانوں کا سماجی حق ہے بلکہ مذہبی فریضہ بھی ہے۔گویا انہوں نے مذہبی جواز پیش کر کے مسلمانوں میں صور بھونک دی۔وہ اپنے مضمون ''ہندوستان کی آزادی اور مسلمان'' میں لکھتے ہیں:۔

''یادرکھئے کہ ہندوؤں کے لئے ملک کی آزادی کے لئے جدوجہد کرنا داخل حب الوطنی ہے مگر آپ کے لئے ایک فرض دینی اور داخل جہاد فی سبیل اللہ۔آپ کو اللہ نے اپنی راہ میں مجاہد بنایا ہے اور جہاد کے معنیٰ میں ہر وہ کوشش داخل ہے جو حق اور صداقت اور انسانی بندو استبداد اور غلامی کے توڑنے کے لیے کی جائے''۔

(ص 356 ابوالکلام آزاد ایک ہمہ گیر شخصیت)

مولانا کے ایسے بے شمار مضامین ہیں جس میں انہوں نے ملک کو آزاد کرانے کے حوالے سے تحریر کی ہیں۔انہوں نے اپنے مضامین کے ذریعہ ملک کو آزد کرانے میں بھی حصہ لیا۔ مولانا نے قول وفعل کے ذریعہ اپنے آپ کو رہنما ثابت کیا۔عام طور پر تین نوعیت کے رہنما ہوتے ہیں:۔

ا۔ سیاسی مفکر ہو مگر سیاسی کارکن نہ ہو

۲۔سیاسی مفکر نہ ہو مگر سیاسی کارکن ہو، جو آجکل کے لیڈر ہیں

۳۔سیاسی مفکر ہونے کے ساتھ ساتھ سیاسی کارکن بھی ہو، ایسے بہت کم لوگ ہوتے ہیں۔لیکن مولانا کا نام ایسے کمیاب لوگوں میں لیا جاتا ہے۔

مولانا آزاد 1940 سے 1949 تک کانگریس کے صدر رہے۔ہندوستان کی تحریک آزادی میں مولانا کو تنہا یہ اعزاز حاصل ہے۔انہوں نے آزادی کے بعد اس ملک کی نئی تعمیر کا منصوبہ بنانے میں بھی در پردہ بہت اہم رول ادا کیا اور پنڈت جواہر لال نہرو کے سب سے زیادہ معتمد مشیر بنے رہے۔وہ جانتے تھے کہ اس ملک کو جہاں ہزاروں زبانیں بولی جاتی ہیں، جہاں مختلف مذاہب کے لوگ بستے ہیں، جہاں رنگا رنگ تہذیبیں چلتی ہیں، جہاں طرح طرح کے رسوم وعادات ہیں، اگر کسی ایک رسی سے باندھ کر رکھا جا سکتا ہے تو وہ قومی اتحاد اور باہمی رواداری ہے۔مولانا آزاد کے نزدیک جدید ہندوستان کی تعمیر کے لئے ہندو اور

مسلمان کا اتحاد نہایت ضروری تھا۔ یہی وجہ ہے کہ وہ اپنی تقریر میں بار ہا اس بات پر زور دیا کرتے تھے کہ ہندو اور مسلمان کو گنگا اور جمنا کی طرح ایک دن ملنا ہوگا۔ ان کا ماننا تھا کہ ہندو اور مسلمان دو فرقے تو ضرور ہیں لیکن ان ہی کو ملا کر ہندوستانی قوم کی تشکیل ہوتی ہے۔ ہندو مسلم اتحاد کے تصور کی ضرورت ہر اس سماج اور ہر اس ملک کی ضرورت ہے جو کثیر مذہبی ہے۔ آج ہمارا ملک آزاد ہے، اسی کا نتیجہ ہے۔

آزادی کے بعد

مولانا کی زندگی کے ہزار رنگ ہیں اور ہر رنگ میں صد ہزار نیرنگیاں ہیں۔ مولانا جنگ آزادی کے ایک جانباز مجاہد، آزادی کی اور جمہوریت کے استحکام کے علم بردار، دردمند، دوراندیش، عظیم مفکر اور رہبر ملت کے ساتھ ساتھ جدید ہندوستان کے معمار، انسان دوست اور قوم پرست بھی تھے۔ مولانا نے جدید ہندوستان کی تعمیر وترقی کے لئے جو بیش بہا خدمات انجام دیے ہیں اسے کبھی بھلایا نہیں جاسکتا۔ کیونکہ مولانا آزاد ایسے پہلے وزیر تعلیم تھے جن کے پاس گزشتہ لوگوں کا کوئی تجربہ نہیں تھا۔ اس کے باوجود انہوں نے مثال قائم کی اور جدید ہندوستان کی تعمیر میں اپنے حسن بصیرت سے نئے نئے خاکے بنائے۔ جدید ہندوستان میں ساہتیہ اکیڈمی، للت کلا اکیڈمی، سنگیت ناٹک اکیڈمی، انڈین کونسل آف سائنٹیفک ریسرچ، انڈین کونسل آف کلچرل ریلیشنز وغیرہ مولانا کی بصیرت کا ہی نتیجہ ہے۔ مولانا نے اپنے دور وزارت میں ان تمام شعبے کو نہ صرف کھلوایا بلکہ اس کی صحیح سرپرستی بھی فرمائی۔ 35 سال کی عمر میں کانگریس کے عہدۂ صدارت پر متمکن ہو چکے تھے، کانگریس کی تاریخ میں سب سے کم عمر میں صدر بننے کا شرف انہیں حاصل ہوا نیز پارٹی میں ان کی پکڑ بھی زبردست تھی۔ وہ چاہتے تو وزیر تعلیم ہونے کے بجائے کسی اور کابینہ کے وزیر ہوسکتے تھے لیکن انہوں نے اپنے لئے وزیر تعلیم ہونا زیادہ بہتر سمجھا کیونکہ جانتے تھے اس کے ذریعہ جدید ہندوستان کی تعمیر جس قدر ہوسکتی ہے وہ کسی اور وزارت میں ممکن نہیں۔ اسی لئے انہوں نے اپنے وزارت میں نئے نئے شعبے قائم کرکے آنے والے لوگوں کے لئے ایک مشعل راہ بنادی ہے۔ چونکہ مولانا آزاد جامع صفات کے مالک تھے، ان کی شخصیت میں دل ودماغ دونوں کی خصوصیتیں جمع تھیں۔ جناب گلزار نقوی اپنے ایک مضمون ''مولانا آزاد کی انتظامی صلاحتیں'' میں مولانا کے انتظامی امور پر اور بالاستیعاب فیصلہ لینے کے واقعات کو بیان کیا ہے۔ یہاں پر اس مضمون سے ایک اقتباس ملاحظہ کیجیے:۔

> ''مولانا نے دینی مسائل کو سلجھانے میں جو کارنامہ انجام دیا اس کے لیے عالم اسلام ہمیشہ ہمیشہ ان کا مرہون منت رہے گا۔ صحافت کے میدان میں مولانا نے عوامی ذہن کی جو تربیت کی اس کی مثال نہیں ملتی۔ آزادی کی راہ میں ان کی قربانیاں ناقابل فراموش ہیں۔ ان تمام صفات کے علاوہ ایک پہلو اور ہے جو مولانا کی ذات کو سطح عام سے بالاتر کرتا ہے اور وہ ہے

ان کی عظیم الشان تنظیمی اور انتظامی صلاحیت ۔اس خوبی کا اندازہ ہمیں ان سرکاری اور غیر سرکاری فائلوں کے مطالعے سے ہوتا ہے جنہیں مولانا کی میز تک پہنچنے کا شرف حاصل ہوا ہے۔''

حصول آزدی کے بعد مولانا نے حکومت ہند کی وزارت تعلیم کی ذمہ داری سنبھالی ۔تعلیم کے وسیلے سے مولانا ایک نئے سماج کی بنیاد ڈالی اور تعلیمی ڈھانچے کو وہ روپ دیا جس پر ہمارا آج کا سماج کھڑا ہے۔'' (ص238،ایوان اردو کا مولانا ابوالکلام آزاد نمبر)

جب نئے بھارت کے پہلے وزیراعظم پنڈت جواہر لال نہرو بنے تو مولانا آزاد پہلے وزیر تعلیم بنے لیکن مولانا پنڈت جی کے معتمد خاص اور رفیق کار تھے ۔قومی ریاست کی ترقی پسند پالیسیوں کی تشکیل میں شانہ بشانہ تھے ۔وہ بین الاقوامی مفاہمت اور عالمی امن کے پرزور حامی تھے ۔انہوں نے ہی دنیا کو یہ تصور دیا کہ کتابی علم حاصل کرنے کا نام تعلیم نہیں ہے ۔سائنسی اور تکنیکی تعلیم ،اساتذہ کی ٹریننگ ،لسانی تربیت ،شیڈیول جاتیوں اور دیگر پسماندہ طبقوں کے لیے تعلیمی وضایف جاری کیا۔انہوں نے ہی احساس دلایا کہ تعلیم دراصل انسانی وسائل کو فروغ دینے کا نام ہے ۔انہوں نے ہی یونیورسٹی کے ایک ماسٹر پلان UGC یونیورسٹی گرانٹ کمیشن قائم کیا ۔ انڈین کونسل برائے تہذیبی تعلقات (Indian Council for cultural relatios) اپریل 1950 کو قائم کر کے بانی اور صدر کہلائے ۔مولانا کا مقصد اس کے ذریعہ عالمی برادری میں امن کا پیغام پہنچانا تھا۔آج پورے ہندوستان کے لوگ نئے نئے ٹکنالوجی سے فیضیاب ہو رہے ہیں ۔یہاں کے طلبہ انجینئرنگ، منیجمنٹ ،ایم سے اے (MCA)، فارمیسی، آرکیٹکچر ،HMCT وغیرہ کے علاوہ میں داخلہ لے کر ہندوستان کو آگے بڑھانے کا کم کر رہے ہیں ۔ All india Council for technical Education) کو مولانا نے از سر نو مرتب کیا جس سے آج بھی بڑی تعداد میں ہندوستانی طلبہ وطالبات استفادہ کر رہے ہیں ۔علی گڑھ مسلم یونی ورسیٹی کے بانی ویسے تو سر سید احمد خاں ہیں لیکن اگر میں یہ کہوں کہ جدید ہندوستان میں یونیورسیٹی کو نشاۃ ثانیہ دلانے کا سہرا انہی کے سر جاتا ہے تو غلط نہیں ہوگا کیونکہ محمد ضیاء الدین انصاری اپنے مضمون ''مولانا آزاد اور علی گڑھ'' میں لکھتے ہیں:۔

''1947 میں ملک کی تقسیم کے بعد یونیورسٹی پر بڑا صبر آزما وقت پڑا۔اس پر پاکستان بنانے کا الزام لگایا گیا۔اس کی پاداش میں اسے صفحہ ہستی سے مٹانے کا منصوبہ بنا لیا گیا۔ایسے نازک وقت میں مولانا ہی اس کے کام آئے۔انہوں نے نہ صرف اسے تباہی کے دہانے سے نکالا بلکہ بحثیت وزیر تعلیم اس کی ترقی کے لئے تمام ممکنہ مواقع فراہم کئے ۔مولانا کی یہ خدمات یونیورسیٹی کی تاریخ کا ناقابل فراموش باب ہے ۔ان خدمات کا اعتراف

یونیورسیٹی کے بہی خواہوں اور ارباب اقتدار نے متعدد مقامات پر صمیم قلب سے کیا ہے''۔
(ص580،ابولکلام آزاد ایک ہمہ گیر شخصیت)

جس شخص کے علم کا سرچشمہ قرآن پاک ہو، جس نے جدید ہندوستان کی تعمیر میں قرآن مقدس کے فیوض کو عام کیا ہو اور جس نے اپنے اس علم کے تجربہ کو ہندوستان بنانے میں لگایا ہو جس کے اندر نہ صرف مذہبی و دینی رہنمائی ہے بلکہ دنیاوی کامیابی کا راز بھی پوشیدہ ہے۔ بلا شبہ قرآن مجید کو سمجھنے کے لئے مختلف علوم وفنون کا علم ہونا ضروری ہے۔ مولانا ایک جید عالم تھے۔ انہوں نے قرآن پاک کی جامع و مانع تفسیر بھی لکھی ہے۔ روشن دماغ اور اعلیٰ ذہن کے مالک تھے۔ اس حوالے سے راجیو گاندھی کے خیالات کو دیکھا جاسکتا ہے۔ وہ اپنے ایک تقریر میں مولانا کے علم کا منبع اور ان کی بصیرت پر روشنی ڈالتے ہوئے کہتے ہیں:۔

''مولانا آزاد کے گہرے علم و فضل کی بنیاد مقدس قرآن اور اسلامی و دینیات کی تصانیف پر قائم تھی۔ ہندوستان کی گوناگوں تہذیبوں کے تمام پہلوؤں کی جانکاری نے ان کے علم میں وسعت پیدا کردی تھی۔ انہوں نے تاریخ، سیاست اور معاشیات پر موجودہ دور کی اہم ترین تصانیف سے استفادہ کیا تھا''(ص 48، ابولکلام آزاد ایک ہمہ گیر شخصیت)

انہوں نے خداداد صلاحیت کا جدید ہندوستان کی تعمیر میں بھرپور مظاہرہ کیا۔ الہلال مورخہ 8 ستمبر 1912 مین الہلال کے مقاصد اور پولیٹیکل تعلیم کی نسبت ایک خط اور اس کا جواب شائع ہوا جس میں انہوں نے لکھا:۔

''پولیٹیکل مباحث کو مذہبی رنگ سے الگ کر دیجئے لیکن اگر الگ کر دیں تو ہمارے پاس باقی کیا رہ جاتا ہے؟ ہم نے تو اپنے پولیٹیکل خیالات بھی مذہب ہی سے سیکھے ہیں''(ص157 مولانا آزاد ایک ہمہ گیر شخصیت)

مذکورہ اقتباس سے اندازہ لگایا جاسکتا ہے کہ مولانا کی سوچ کی پرواز کہاں تک تھی۔ وہ قرآن و حدیث کا گہرا علم رکھتے تھے۔ انہوں نے اپنا پیغام عام کرنے کے لئے اور اپنی بات عوام تک پہنچانے کے لئے صحافت کو وسیلہ فروغ بنایا۔ بیشک وہ نہ صرف صحافی تھے بلکہ صحافت کے اوج ثریا پر فائز تھے، اردو صحافت پر ان کے چھوڑے ہوئے یادگار نقوش آج بھی ان کے لب و لہجہ اور اسلوب کے خوشنما بادل قاری کو سیراب کررہے ہیں۔ وہ اردو ادب کے صاحب طرز ادیب اور مستند نثر نگار تھے۔ الہلال کے اسلوب کے بارے میں عبدالماجد دریابادی لکھتے ہیں:

''خدا جانے کتنے نئے اور بھاری بھرکم لغات اور نئی ترکیبیں اور نئی تشبیہیں اور نئے اسلوب ہر ہفتے اسی ادبی اور علمی ٹکسال سے ڈھل ڈھل کر باہر نکلنے لگے اور جاذبیت کا یہ

عالم تھا کہ نکلتے ہی سکۂ رائج الوقت بن گئے۔حالی وشبلی کی سلالت وسادگی سر پیٹتی رہی اور اکبر الہ آبادی اور عبدالحق سب ہائے ہائے کرتے رہ گئے''

(ص 102،ابولکلام آزادایک ہمہ گیر شخصیت)

مولانا آزاد نے بطور صحافی بھی اردو صحافت کونئی راہ اوراس کے طریقہ کار کے اصول مرتب کئے۔صحافت کی دنیامیں انہوں نے اپنی صحافت کے ذریعہ اوردو صحافت کووہ مقام بخشا جوصدیوں میں ہونا مشکل تھا۔چونکہ یہ میرا موضوع نہیں ہےاس لئےتفصیل ان کےصحافتی خدمات میں دیکھا جاسکتا ہے۔

مولانا آزادکی ذوق جمالیات بھی عمدہ تھا۔وہ مذہبی عالم ہونے کے باوجودموسیقی اورمصوری کے رموز ولطایف سے آگاہ تھے۔یہی وجہ ہے کہ وہ ہرکام بحسن خوبی انجام دیا کرتے تھے۔انہوں نے پوری زندگی ایک عظیم قومی مقاصد کے لئے وقف کردی۔ایثاروقربانی کے ہرموقعے پرآگے رہےاورایسی بھرپور زندگی گزاری کربھی اس طرح اس دنیا سے چلے گئے جیسےکوئی دامن جھاڑکراٹھ جاتا ہے۔

◀◀ ● ▶▶

● ڈاکٹر منور عالم

ہندی فلموں میں اردو کی خوشبو

ہندوستانی فلموں کے گیت کا پیراہن اردو ہے۔الفاظ کی پیش کاری کا جائزہ لیا جائے تو نغموں میں اردو الفاظ کی نہ صرف بہتات ہے بلکہ یہاں اس کی حکمرانی ہے۔ممکن ہے اس زبان کے الفاظ کو دوسری زبان کے الفاظ مان کر استعمال کیا جاتا ہو۔ سننے والے خوش ہوں مگر حقیقت یہ ہے کہ گیتوں کے الفاظ اردو تہذیب وثقافت کا اظہار ہیں۔اتنا ہی نہیں ہندوستانی فلموں کے نغموں کا لہجہ بھی خالص اردو کا ہے۔اردو شاعری کے مروجہ اصناف کو ذہن میں رکھا جائے اور فلمی شاعری کے بول ملاحظہ کئے جائیں تو واضح ہوتا ہے کہ ان گیتوں کا لہجہ اردو شاعری سے اخذ بھی ہے اور استفادہ بھی کیا گیا۔گیتوں میں جذبات کو عموماً یا خصوصاً پیش کیا جاتا ہے۔ یہاں یہ بتانے میں کوئی مضائقہ نہیں ہے کہ حسن وعشق، مسائل زندگی، فلسفہ حیات اور عصری تقاضے اور دیگر مسائل فلم کے موضوع بنے ہیں تو ان سے وابستہ جذبات نے نغمہ کے روپ میں اپنی نمائندگی درج کرائی ہے۔ یہاں ہر طرح کے جذبات واحساسات کی کارفرمائی ہے۔فلموں کے گیت عوام کے دل کو چھوتے ہیں اور لطافت بخشتے ہیں۔فلموں میں گیتوں کے ذریعہ حیات وسماج کی آئینہ داری کی جاتی ہے اور ایسے ہی گیت عام لوگوں کی زندگی کا حصہ بن جاتے ہیں۔فلموں کی کامیابی کے لئے نغمہ نگار نے ان تمام تر جذبات واحساسات کو گیتوں میں پرویا جس سے عوام روشناس تھے۔جب شائقین نے اپنے جذبات واحساسات کو پردۂ سیمیں پر اپنے اداکاروں کے ذریعہ دیکھا تو برسوں تک اس کا ذکر کرتے رہے۔

گیت میں گانے کی کیفیت ہوتی ہے یوں بھی کہ سکتے ہیں کہ یہ وہ صنف ہے جس میں گائے جانے کو مرکزیت حاصل ہے۔اس وجہ کر اسے غنائیت، لے، ترنم اور ساز سے جوڑ کر دیکھتے ہیں۔بعض مبصرین کے نزدیک یہ سنگیت کا حصہ ہے شائد اسی لئے گیت سنگیت کا لفظ ذہن میں ایک ساتھ آتا ہے۔سنگیت کسی خیال کو صوت سے جوڑتا ہے اور جذبے کو الفاظ کا پیراہن عطا کرتا ہے۔ ہندوستانی سنیما میں جب ''عالم آرا'' کا دور آیا تب سے آج تک فلموں میں گیت کا چلن ہے۔

یہ حقیقت ہے کہ فلموں میں نغمے کہانی اور سچوئیشن کے مطابق لکھے جاتے ہیں مگر یہ بھی سچ ہے کہ اردو کے نامور شعراء کا کلام فلموں میں شامل ہوکر شائقین وسامعین کے دلوں پر راج کرتا رہا ہے۔میوزک

ڈائرکٹر کی تیار کردہ دھن پر الفاظ کی صورت گری خلق کرنا فلمی شعراء کا کمال ہے۔ وقت کے ساتھ فلموں کے موضوعات میں تبدیلی آئی۔ سائنس کی ترقی اور نئے ایجادات نے فلم کو ایک نیا موڑ دیا لیکن گیتوں کا چلن پھر بھی برقرار رہا۔ میوزک مغرب سے متاثر ہوا۔ نئے ساز آئے۔ سنگیت کا رنگ بدلا مگر گیت کاروں کی توقیر میں کمی نہیں آئی۔ نغمے فلموں کی ضرورت ہیں۔ ایسا بھی نہیں کہ بغیر گیت کے فلم بنائے ہی نہیں گئے لیکن وہ برائے نام اور صرف تجربہ کے لئے تھے۔ اردو کے

مشاہیر شعراء کی فلموں سے وابستگی نے فلمی گیتوں کو معیار و وقار عطا کیا اور گیت عوام کی پسند پر کھرے اترنے لگے۔ گیتوں کا یہ سلسلہ فلموں کے حوالے سے ہنوز جاری ہے۔

۱۹۳۱ء میں اردشیر ایرانی کی فلم ''عالم آرا'' منظر عام پر آئی۔ یہ فلم ہندوستان کی پہلی بولتی فلم تھی۔ اس فلم کے ذریعہ پہلی بار سنیما کے شائقین لطف نظارہ کے ساتھ لذت سماعت سے آشنا ہوئے۔ اسکرین پر موسیقی کے ساتھ کرداروں کی زبانی جب شاعری لوگوں تک پہنچی تو فلم کا مزہ دوبالا ہو گیا۔ فلم کے ذریعہ ادب و شعر کو ایک ایسا پیرائیہ اظہار مل گیا جو فائن آرٹس کا حسین سنگم تھا۔ بولتی فلم کا پہلا نغمہ بہت مشہور ہوا۔ اس کے بول تھے۔

دے دے خدا کے نام پر گر تجھ میں دینے کی طاقت ہے یا مجھ سے کچھ لے لے اگر لینے کی طاقت ہے

اردو شاعری کی مختلف اصناف اپنی تمام تر زرخیزی کے ساتھ اس سنگم میں اس طرح حلول کر جاتی ہیں کہ ان کے بغیر ہندوستانی سنیما کے مکالمے اور گیتوں کا تصور بھی نہیں کیا جا سکتا۔ اس وقت سنیما میں مقبول ہونے والے نغمے اپنے موضوعات، تراکیب، لفظیات، محاورے اور روز مرہ بے تکلفی سے استعمال ہوتے ہیں۔ اردو شاعری کے دونوں دبستانوں کے شعراء اپنی توانائی روایت کے ساتھ فلم انڈسٹری سے وابستہ ہوتے ہیں تو اردو شاعری کا یہاں بول بالا ہو جاتا ہے۔ زیادہ تر شعری اصناف مثلاً گنگا جمنی تہذیب کی عکاس رہی ہیں۔ فلموں کے موضوعات اور برتاؤ میں یہاں کی تہذیب کو نمایاں طور پر شامل کیا جاتا رہا ہے۔ فلموں کے کردار خواہ ہندو ہوں یا مسلمان دونوں کی زبان میں یکسانیت پائی جاتی ہے۔ دونوں کے لہجے میں اتنی یکسانیت ہوتی ہے کہ انہیں الگ نہیں کیا جا سکتا۔ شیروانی پہنے، دوپلی ٹوپی لگائے، چھڑی لیے ہوئے پاکیزہ کے نواب صاحب ہوں، غرارے شرارے میں ملبوس چودھویں کا چاند کی وحیدہ رحمٰن ہو یا دیوداس کی نرتکی، میرے ہمدم میرے دوست کی سہیلیاں (غیر مسلم) جن کی زبان سے محبوب کی تعریف کے بول ادا ہوئے۔ سب کے رنگ اردو کی خوشبو کے ساتھ جڑے ہوئے ہیں۔ واللہ، دعا، تعویذ، آیت، خدا جیسی مذہبی اصطلاحات غیر مسلم اداکاروں، کرداروں کی زبانی سن کر آپسی یگانیت کا کنول دل میں کھلنے لگتا ہے۔ فلموں میں مسلم کردار جب ہندو مذہبی رسومات ادا کرتے ہیں تو اجنبیت کا احساس نہیں ہوتا ہے۔ میرے ہمدم میرے دوست کا ایک مشہور گیت ہے

جس میں قوالی کا ٹھاٹ ہے اور نوک جھوک بھی ہے۔ مجروح سلطان پوری کی شاعری کا یہ رنگ کتنا بھلا ہے۔

اللہ یہ ادا کیسی ہے ان حسینوں میں روٹھیں پل میں نہ مانیں مہینوں میں

مجروح سلطان پوری کا یہ گیت فلم ''ساتھی'' کے لیے بہت مشہور ہوا۔ اس گیت کو مکیش نے فلم کے لئے گایا تھا۔ اس گیت کا مکھڑا اب تک شائقین کو یاد ہے:

حسن جاناں ادھر آ، آئینہ ہوں میں ترا میں سنواروں گا تجھے سارے غم دے دے مجھے

اس گیت کے اگلے اشعار میں ہماری ملی جلی تہذیب کی گا تھا ہے۔ اشعار سے محظوظ ہوئیے:

کتنے ہی داغ اٹھائے تونے میرے دن رات سجائے تونے
گھر تیرے دم سے ہے مندر میرا تو ہے دیوی میں پجاری تیرا
سجدے سو بار کروں آ تجھے پیار کروں میری آغوش میں آ، آئینہ ہوں میں ترا

دلی جذبات کا بیان مذکورہ گیت کی خصوصیت ہے۔ اسی طرح فلم ''دیوداس'' کے گیت میں ساحرلدھیانوی نے نرتکی کے جذبات کو بڑی ہی خوبی سے شعری قالب میں ڈھالا۔ ان کے جذبات دیکھئے:

مری بے بسی ہے ظاہر مری آہ بے اثر ہے کبھی موت بھی جو مانگی تو نہ پائی اس کے در سے
جو مراد لے کے آئے وہ دعا کہاں سے لاؤں

ایک اور فلم ''دیوداس'' (سنجے لیلا بھنسالی) میں نصرت بدر نے الفاظ کا جادو جگایا ہے۔ چندر مکھی کے لیے لکھا گیا یہ نغمہ:

یہ کس کی آہٹ، یہ کس کا ہے سایا ہوئی دل میں دستک یہاں کون آیا
ہم پہ کس نے ہرا رنگ ڈالا خوشی نے ہماری ہمیں مار ڈالا، اللہ

جذبات بیان کرنے میں اردو الفاظ سے مزین نغمے بے حد کامیاب رہے ہیں ''فلم دوستانہ'' کے لیے آنند بخشی نے نغمے لکھے۔ ان کا یہ درج ذیل نغمہ اور شاعری کی تہذیب سے آراستہ ہے۔

دعا بد دعا دے یہ ممکن نہیں مجھے تو دغا دے یہ ممکن نہیں
خدا جانے کیا ماجرا ہو گیا سنا ہے کہ تو بے وفا ہوگیا

جناب سہیل اختر خاں نے ہندوستانی فلموں کے نغموں کے بارے میں بجا طور پر لکھا ہے کہ:

''بالی ووڈ کے جدید عہد میں بھی اردو کا یہ کلچر جا بجا دیکھا جا سکتا ہے۔ قیامت سے قیامت تک، دل چاہتا ہے، جودھا اکبر، فنا، سانوریا، قربان، زندگی نہ ملے گی دوبارہ اس کی واضح مثالیں ہیں۔

جیسا کہ عرض کیا گیا کہ جنم جنمانتر اور آواگمن کا عقیدہ اسلام اور مسلمانوں میں نہیں پایا جاتا

لیکن جب جاوید اختر صاحب ایک مسلم کردار کے لئے کہلواتے ہیں:

جو اب کئے ہو داتا ایسا نہ کیجیو اب کے جنم مو ہے بیٹا نہ کیجیو

''تو لڑکی کی ذات کے ساتھ ہونے والے سماجی ظلم وستم کی داستان ہی نہیں سنائی دیتی بلکہ تہذیبوں کا خوبصورت سنگم بھی دکھائی دیتا ہے۔'' (ماہنامہ ''اردو دنیا'' فروری ۲۰۱۳، ص ۲۷)

گلزار کے گیتوں کا رنگ اردو کی خوشبو سے پڑے ہے۔ انہوں نے فلمی نغموں کے لئے اردو زبان کو چنا۔ یہ وہ اردو ہے جس کے دامن میں دوسری زبانوں کے سبک الفاظ رچ بس گئے ہیں۔

بطور خاص انہوں نے عشقیہ اشعار لکھتے ہوئے اردو شاعری کی روایت و تہذیب کو سامنے رکھا ہے ان کے نغموں سے چند مثالیں پیش کرتا ہوں جن میں اردو شاعری کی دمک پائی جاتی ہے۔ ملاحظہ کیجئے:

وہ یار ہے جو خوشبو کی طرح ہے جس کی زبان اردو کی طرح
مری شام و رات مری کائنات وہ یار مرا سیاں سیاں

اسی طرح یہ اشعار:

گلپوش کبھی اترائے کہیں مہکے تو نظر آجائے کہیں
تعویذ بنا کے پہنوں اسے آیت کی طرح مل جائے کہیں

فلم ضدی میں مشہور شاعر معین احسن جذبی کی غزل کو فلمایا گیا۔ فلموں میں اردو شاعری کی دھوم تو روز اول سے رہی ہے۔ غزل کے اشعار کو مکھڑا بنا کر نغموں کو شائقین کے دل تک پہنچایا گیا ہے۔ جذبی کی غزل نے تو اور بھی کمال کیا۔ اس غزل کے دو اشعار دیکھئے:

مرنے کی دعائیں کیوں مانگوں جینے کی تمنا کون کرے اب ایسی ظالم دنیا میں جینے کی تمنا کون کرے
جب کشتی ثابت وسالم تھی، ساحل کی تمنا کس کو تھی اب ایسی شکستہ کشتی پر ساحل کی تمنا کون کرے

ہندوستانی فلموں میں اردو شاعری کے دھنک رنگ کا خوب خوب استعمال کیا گیا۔ ہندی میں نغمہ لکھنے والے نے بھی اردو سے خوب استفادہ کیا۔ جناب کرشن بھاؤک نے ایک جگہ لکھا ہے:

''ہندی فلموں کے نغمہ نگاروں نے اردو شاعری کے چیدہ چیدہ اشعار سے اپنے نغموں کے خط وخال یا نقش ونگار کی تشکیل دیتے وقت متواتر استفادہ کیا ہے۔ اگرچہ مرزا غالب کے نام سے پوری فلم ہی بنائی گئی تو بعض فلموں میں شاعروں کی غزلوں، نظموں، گیتوں کا با موقع استعمال کیا گیا ہے۔ مثلاً فلم ''پھر صبح ہوگی'' میں ساحر لدھیانوی کے وہ صبح کبھی تو آئے گی، لائن سے شروع مکمل نغمے کو بطور ثبوت پیش کیا جا

سکتا ہے۔اسی طرح فلم ''امراؤ جان'' میں شامل شہر یار کی ، یہ کیا جگہ ہے دوستو، یہ کون سا دیار ہے، حدنگاہ تک جہاں غبار ہی غبار ہے۔ مطلع سے شروع ہوئی اور آشا بھونسلے کی شیریں آواز سے مزین غزل بے حد مقبول عام رہی ہے۔ کسی فلم میں شاعر اعظم میر تقی میر کی ، پتا پتا بوٹا بوٹا ، حال ہمارا جانے ہے، جانے نہ جانے گل ہی نہ جانے باغ تو سارا جانے ہے۔(کلیات میر ص:٦٧) مطلع سے شروع ہونے والی غزل اور فلم ''لال قلعہ'' میں بہادر شاہ ظفر کا مشہور و معروف '' لگتا نہیں ہے دل مرا اجڑے دیار میں ، کس کی بنی ہے عالم ناپائیدار میں ۔ مطلع دیکھیں اور گلوکار محمد رفیع اور موسیقار ایس این ترپاٹھی والی غزل اور فلم ''دھول کا پھول'' میں ساحرلدھیانوی کی موسیقی کے ساتھ این دتا کے سدا بہار نغمے'' نہ ہندو بنے گا نہ مسلمان بنے گا،انسان کی اولاد ہے انسان بنے گا'' کی ادبی صلاحیتوں کی مانند متعدد مثال بھی دستیاب ہونا عین ممکن ہے۔''

(ماہنامہ ''اردو دنیا'' فروری ٢٠١٣ء ص:٣١)

ہندوستانی فلموں میں جو گانے مقبول ہوئے ان کے جسم میں اردو کا خون دوڑ رہا ہے۔ ہندوستانی فلموں میں'' ہیر رانجھا'' کی مقبولیت آج بھی بدستور قائم ہے پہلی منظوم فلم'' ہیر رانجھا'' کے نغمات نے اسے نہ صرف یہ کہ خاص بلندی عطا کی بلکہ اس سے یہ بھی ثابت ہوا کہ منظوم مکالمے اور شاعری کی وجہ سے بھی فلمیں کامیاب ہوتی ہیں اور اس کی مقبولیت میں اضافہ ہوتا ہے۔نغموں میں وہ طاقت ہوتی ہے کہ فلموں کی ضمانت بن جاتے ہیں۔عوام میں دیر تک گنگنانے والے نغمے کی تاثیر کا اندازہ کیا جاسکتا ہے۔ مذکورہ فلم کا یہ نغمہ بھلا کوئی کیسے فراموش کرسکتا ہے اس نغمے کا مکھڑا یہ ہے۔ جسے کیفی اعظمی نے ایک خاص بلندی عطا کی:

یہ دنیا یہ محفل میرے کام کی نہیں

اس نغمے کا یہ شعر ملاحظہ کیجئے:

ان کو خدا ملے ہے خدا کی جنہیں تلاش ہے مجھ کو بس اک جھلک مرے یار کی ملے

اس طرح کے نغموں کا ایک طویل سلسلہ ہے جو آج بھی پوری تازہ کاری کے ساتھ نسل در نسل شائقین تک رسائی حاصل کررہا ہے۔غزلوں اور نظموں کی کہکشاں سے روشنی کی یہ قندیلیں ملاحظہ کیجئے:

مجروح لکھ رہے ہیں وہ اہل وفا کا نام ہم بھی کھڑے ہوئے ہیں گنہگار کی طرح

چراغ دل کا جلاؤ بہت اندھیرا ہے کہیں سے لوٹ کے آؤ بہت اندھیرا ہے

مرا تو جو بھی قدم ہے وہ تیری راہ میں ہے کہ تو کہیں بھی رہے تو میری نگاہ میں ہے

یہ کون آیا روشن ہوگئی محفل جس کے نام سے　　میرے گھر میں جیسے سورج نکلا ہے شام سے

اردو کے مشاہیر شعرا نے فلموں کے لئے گیت لکھ کر فلم اور ادب کے رشتہ کو مستحکم کیا۔اس سے فلموں کی شاعری میں معیار بھی قائم ہوا۔فلموں میں صحت مند شاعری کا رواج بڑھا۔آغا حشر کاشمیری نے بھی ڈراموں کے میدان سے نکل کر فلموں کے میدان میں قدم رکھا اور اپنی قسمت آزمائی تو وہاں بھی اچھے کھلاڑی ثابت ہوئے۔فلمی دنیا میں بھی انہوں نے گانے لکھے۔فلم ''چنڈی داس''، جو ۱۹۳۴ء میں بنی جس کا نغمہ ملاحظہ کیجئے:

پریم نگر میں بناؤں گی گھر میں تج کر گھر سنسار ر پریم نگر میں
اور پریم کے ہونگے دیوار ر پریم نگر میں
پریم سکھا ہو پریم پڑوسی ر پریم میں سکھ کا سار ر پریم نگر میں
(فلم: چنڈی داس ۱۹۳۴ء بحوالہ امنگ راشٹریہ سہارا، یکم جون ۲۰۱۴ء)

''فلمی گیتوں میں وطن پرستی اور مذہبی رواداری جیسے جذبوں کا بیان خوب خوب ہوا ہے۔مذہبی بول، نعت، حمد و مناجات، سلام اور بھجن وغیرہ فلموں کے لئے لکھے گئے۔ساحر لدھیانوی، شکیل بدایونی وغیرہ نے بھجن لکھ کر شائقین کے دلوں کو روح پرور بنانے میں معاونت کی۔مشہور نغمہ نگار ابراہیم اشک نے ایک مضمون ''ہندوستانی فلموں میں موسیقی اور گیت میں بھجن کا ذکر کرتے ہوئے بڑے ہی کام کی بات لکھی ہے۔ان کا ماننا ہے کہ آپسی یگانگت اور بھائی چارے کے لئے مسلم شعراء کا بھجن لکھنا نہایت کارآمد ثابت ہوا۔''

(ہندوستانی فلمیں اور اردو، ص ۱۴۱)

عورتوں کے جذبات اس کے احساسات اور اس کی صورت گری کو فلموں میں نغمے کے ذریعہ پیش کیا گیا۔شعراء نے اپنی تخلیقات کے ذریعہ عورتوں کی حمایت و اہمیت اور مردانہ ظلم وستم اور استحصال کو ناظرین کے سامنے پیش کیا۔اس موضوع کے لئے تو مشہور شاعر ساحر لدھیانوی کا نام قدر و احترام سے لیا جاتا ہے۔ان کے کئی نغمے جو اس موضوع سے وابستہ تھے مقبول ہوئے۔ایک مثال حاظر خدمت ہے۔

عورت نے جنم دیا مردوں کو، مردوں نے اسے بازار دیا　　جب جی چاہا مسلا کچلا ، جب جی چاہا دھتکار دیا

ان کے علاوہ مجروح سلطان پوری کے گیتوں نے فلموں میں اردو شاعری کی دھاک جمادی۔

''فلمی نغموں کو خالص اردو لب و لہجہ دینے اور اردو کی شعری لفظیات سے ہندوستانی فلموں کے گیتوں سے رشتہ جوڑے رکھنے میں مجروح صاحب کی خدمات کو ہمیشہ یاد رکھا جائے گا۔فلمی نغمہ نگاری کے لئے سب سے پہلا دادا صاحب

پھالکے ایوارڈ ان کو دیا گیا۔ شکیل بدایونی کی طرح مجروح بھی مشاعروں سے فلم میں آئے تھے۔ فلمی گیتوں میں محبوب کے لیے ساجن، سجن، بالم اور بلم کی جگہ صنم کے استعمال کا رواج مجروح نے ہی ڈالا تھا۔ محبوبہ کے لئے قبلہ محترمہ کبھی شعلہ کبھی نغمہ جیسے تخاطب اور زبان یار من ترکی، و من ترکی نمی دانم، جیسے فارسی محاوروں کے استعمال سے انہوں نے اردو کو ہندوستانی فلمی شاعری کی مادری زبان بنا دیا تھا۔''

(ماہنامہ ''اردو دنیا'' دہلی، فروری ۲۰۱۳ء ص ۴۵۔۴۴)

گیتوں میں ہر طرح کے جذبات پروئے گئے۔ وقت اور حالات کے مطابق فلموں کا مزاج بدلا تو نغموں کا بھی مزاج بدلا۔ لیکن وہ کیفیات جن میں آفاقیت ہوتی ہے فلم میں اپنی جگہ بناتے رہے۔ ساحر کے گیتوں کا مجموعہ'' گاتا جائے بنجارا'' کے مطالعے سے علم ہوتا ہے کہ فلموں میں ادب و شاعری کس طرح شیر و شکر تھی۔ ہندوستانی فلموں میں نغمہ نگاری اپنے عروج پر آجاتا ہے جب گیت کے لفظیات شخصیت اور کردار کی پہچان بن جاتے ہیں۔ حسین تخیل اور اس کی پیکر سازی گیت کو کامیابی سے ہمکنار کرتی ہے۔ فلموں میں گیتوں کے مقبول ہونے کے کئی اسباب ہیں مگر ان میں سب سے بڑا سبب شعری حسن ہوا کرتا ہے۔ شعری حسن بڑی مشکل سے فلمی نغموں میں آپاتا ہے۔ کبھی کبھی جو نغمہ سننے میں اچھا لگتا ہے اسے تحریر میں پڑھئے تو وہ مزہ نہیں آتا۔ دراصل فلمی گیت لکھتے وقت شاعر کے سامنے فلم کی کہانی سچوئشن اور میوزک ڈائرکٹر کے مشورے ہوتے ہیں۔ اتنی بندش کے بعد عمدہ شاعری کرنا آسان نہیں ہوتا۔ مگر چند ایسے شعراء بھی ہیں جنہوں نے شعری حسن کے ساتھ باموقع فلمی شاعری کی اور کامیاب رہے۔ گیتوں میں جذبات کی پیشی ہوتی رہی اور یہ سلسلہ ہنوز چلتا رہے گا۔ میں اس سلسلے کو ساحر لدھیانوی کے اس نغمہ پر ختم کرتا ہوں جو فلم ''کبھی کبھی'' کے لئے فلمایا گیا تھا۔ یہ وہ صادق جذبے ہیں جن کا اطلاق ہمیشہ ہوتا رہے گا:

میں پل دو پل کا شاعر ہوں
پل دو پل میری کہانی ہے
پل دو پل میری ہستی ہے
پل دو پل میری جوانی ہے

◄◄ ● ►►

● سجاد رشید

نسوانی جذبات کی شاعرہ...... پروین شاکر

اردو شاعری کے لئے یہ بات اظہر من الشّمس ہے کہ یہ صنف ہمیشہ انسانی جذبات واحساسات کی بہترین عکاسی کرتی آرہی ہے۔ ہر دور کے شاعروں نے اپنے سماج اور ماحول کی مطابقت سے اخذ کیے ہوئے مشاہدات کو اپنے احساسات کے سانچے میں ڈھال کر پیش کرنے کی سعی کی ہے۔ وہ چاہے مذہبی عقیدے ہوں یا سیاست کے بدلتے منظرنامے، عشق حقیقی ہو یا عشق مجازی، انسان کے داخلی احساسات ہوں یا دنیا کے خارجی حالات اردو شاعری نے اپنے ارتقائی سفر کے دوران بتدریج اپنے دامن کو ہر خیال اور موضوع سے زینت بخشی۔ اس طرح اردو شاعری نے ہمیشہ بدلتے ہوئے شعور کا ساتھ دیا اور وقت اور زمانے کے ساتھ ہونے والی تبدیلی کو مختلف صورتوں میں پیش کیا۔ شعراء کے ساتھ ساتھ شاعرات بھی اس میدان کی مسافر رہی اور ہیں۔ ان شاعرات میں سے ایک اہم نام پروین شاکر کا ہے جس نے اردو شاعری کو ایک منفرد لہجہ اور احساس دیا۔ ان کی شاعری اپنے عہد کا خوبصورت آئینہ اور ماضی کی روایت کا تسلسل ہے۔

پروین شاکر 24 نومبر 1952ء کو کراچی میں پیدا ہوئیں۔ انہوں نے اردو ادب میں چاشنی گھولتے ہوئے اشعار میں محبت کی خوشبو بکھیری۔ نازک احساسات سے بھرپور لفظوں کو دلوں میں پرونے والی حساس شاعرہ نے نسوانی جذبوں کو نہایت دلفریب انداز میں پیش کیا۔ ان کے استاد محترم امجد اسلام امجد نے ان کی شاعری کی تعریف کرتے ہوئے کہا ہے:

> ''پروین کی شاعری میں ایک لڑکی کی آواز سنائی دے گی، ایک ایسی لڑکی کی آواز جو خوبصورت پھول چننا بھی جانتی ہے اور انہیں گلدان میں سجانا بھی۔''

پروین شاکر سے پہلے اردو میں چند نامور خاتون شاعرات تھیں اور خود ان کے دور میں بھی ادا جعفری، کشور ناہید، فہمیدہ ریاض وغیرہ اعلیٰ پائے کی خاتون شاعرات موجود تھیں، جن کی قدر پروین شاکر بھی دل سے کرتی تھیں۔ مگر اس کے باوجود اردو شاعری کو جو لہجہ پروین نے دیا، وہ سب سے اچھوتا، انوکھا اور دل چسپ تھا، انھوں نے صنفِ نازک کے مسائل، مشکلات، خانگی الجھنوں، انفرادی مشکلوں، معاشرتی

جکڑ بندیوں، حسن و عشق کی خاردار راہوں کی آبلہ پائیوں کا ذکر اپنی شاعری میں بڑے منفرد انداز میں کیا۔

پروین شاکر نے جب شاعری کے میدان میں قدم رکھا تب تک تقریباً عورت ہر طرح سے موضوعِ سخن بن چکی تھی۔ باوجود اس کے انہوں نے عورت کے کیفیات کی ان تاروں کو چھیڑا جن کی صداؤں نے ایوانِ غزل کے درودیوار کو ہلا کے رکھ دیا۔ پروین شاکر نے اپنے منفرد لہجے اور انداز بیان سے جلد ہی اپنے قارئین کو متاثر کیا۔ انہوں نے سب کو یہ کہہ کر حیرت میں ڈال دیا:

جگنو کو دن کے وقت پرکھنے کی ضد کریں　　بچے ہمارے عہد کے چالاک ہو گئے

پروین شاکر کی شاعری میں نسوانیت کی گونج بھرپور سنائی دیتی ہے اور اس میں ان کی آپ بیتی کا احساس بھی ملتا ہے۔ ان کی شاعری میں برصغیر کی ماں، بیٹی، بہن، بیوی غرض عورت کا ہر روپ نظر آتا ہے اور عورت کے ان سب رشتوں کے ذاتی جذبات اور خیالات کو انہوں نے نہایت ہی سلیقے اور ہنرمندی سے اپنی شاعری میں برتا ہے۔ خصوصاً ایک ازدواجی زندگی گزارنے والی عورت کی کیفیات کو انہوں نے جس طرح بیان کیا ہے وہ اپنی نظیر آپ ہے۔ وہ اپنی شاعری میں ایک پوری نسائی حسیات کی تشکیل کرتی دکھائی دیتی ہے۔ نسائیت صرف یہ نہیں کہ گھر، آنگن اور سنگھار کی بات کی جائے بلکہ مونث جذبات کی مکمل تصویر کشی، خوشبو، رنگ، لمس و بصر، موسموں کی رنگینی اور رشتوں کے ذائقوں کا بیان ہے اور پروین شاکر کی شاعری ان نسوانی کیفیات کا باکمال اظہار ہے۔ عورت کا ایک روپ اسے چاہے جانا اور محبوب بن کے زندگی گزارنا ہے، جب کہ دوسرا روپ بطور عاشق پیش کرنا پروین شاکر کا خاصا ہے۔ اس نے روایتی شرم وحجاب کے برعکس نسوانی جذبات کی ترجمانی بھرپور انداز میں کی ہے۔ اس کے ہاں عورت کی طرف سے محبت کا اظہار پایا جاتا ہے جیسا کہ وہ کہتی ہیں:

مہ تمام! ابھی چھت یہ کون آیا تھا　　کہ جس کہ آگے تیری روشنی بھی ماند ہوئی

پروین شاکر اپنی شاعری میں حقوق نسواں کی سچی علم بردار اور صنفِ نازک کے جذبات و احساسات کی خوبصورت عکاسی کرتی ہے۔ جس کو لے کر وہ کبھی کبھی اپنی شاعری میں بے بس بھی نظر آتی ہے اگرچہ اسے اس بات کا بخوبی علم ہے کہ وہ حق کی بات کہہ رہی ہے، وہ حق کی پرستار ہیں، مگر پھر بھی وہ اپنی باتوں اور اپنے فیصلوں میں بے بس نظر آتی ہے لیکن ان فیصلوں میں نسوانی جذبات، معصومیت اور معاف کرنے کے اوصاف نظر آتے ہیں مثال کے طور پر یہ اشعار ملاحظہ ہوں:

میں سچ کہوں گی مگر پھر بھی ہار جاؤں گی　　وہ جھوٹ بولے گا اور لاجواب کر دے گا

یا یہ شعر:

وہ کہیں بھی گیا لوٹا تو میرے پاس آیا　　بس یہی بات ہے اچھی میرے ہرجائی کی

اردو شاعری کے تقریباً تمام با کمال شعراء نے خواہ وہ میر ہوں یا غالب، مومن ہوں یا فیض نے اپنے محبوب کی سنگ دلی اور بے وفائی کا اپنے طریقے سے رونا رویا ہے، لیکن مندرجہ بالا دو سرے شعر میں جو "ہرجائی" لفظ استعمال ہوا ہے اس کا جواب نہیں۔ یوں تو "ہرجائی" شکایت اور ناراضگی کے لیے برتا جاتا ہے لیکن یہاں اس لفظ کا جو استعمال ہوا ہے اس نے پیار ومحبت کی انتہا کر دی ہے۔ علاوہ ازیں ان کے ایسے بیشتر اشعار میں گہرائی و گیرائی کا وصف بھی دیکھنے کو ملتا ہے۔ وہ اپنے ذاتی تجربات، شدتِ جذبات اور مشاہدے کی گہرائی کے لیے بڑی ہی چابکدستی اور چترائی سے لفظیات کا انتخاب کرکے انہیں اشعار میں پیروتی ہیں۔ مثال کے طور پر ان کا یہ ایک مصرعہ دیکھیے:

بال سکھانے کے موسم ان پڑھ ہوتے ہیں

یا یہ شعر:

تجھے مناؤں کہ اپنی انا کی بات سنوں   الجھ رہا ہے مرے فیصلوں کا ریشم پھر

اس شعر میں عورت کے فیصلے کی کشمکش کے لیے ریشم کے الجھنے سے جو مناسب دی گئی ہے اس سے انکی نسائی مشاہدات کا بخوبی اندازہ ہوتا ہے۔ پروین شاکر نے محبوب کی بے رخی، بے توجہی، عدم التفات یا بے وفائی کو بھی اپنی شاعری میں جگہ جگہ بیان کیا ہے، مگر یہاں بھی وہ طرزِ ادا میں دیگر شعراء سے ممتاز ہیں۔ اس کیفیت کو بیان کرتے ہوئے ان کا لہجہ شاکیانہ تو ہے ہی، مگر ملتجیانہ اور پر امید بھی ہے۔ وہ محبوب کی بے رخی سے دل گیر ہوتی ہیں۔ مگر در پردہ اس کا اظہار بھی کرتی ہیں کہ وہ بھی نہ کسی صورت ان کی طرف متوجہ ہو:

اب تو اس راہ سے وہ شخص گزرتا بھی نہیں   اب کس امید پہ دروازے سے جھانکے کوئی
اسی کوچے میں کئی اس کے شناسا بھی تو ہیں   وہ کسی اور سے ملنے کے بہانے آئے

غزل میں پروین شاکر کی انفرادیت کا سبب ان کی موضوعاتی جدت ہے۔ انہوں نے نسوانی جذبات و احساسات کو حقیقی انداز میں غزل میں پیش کیا۔ ان کے ہاں چاہت، رفاقت، ملاقات، جدائی، فراق، جذبے اور احساسات نئے انداز اور جدید دور کے تناظر میں متحرک ملتے ہیں۔ اگر چہ ان کی غزل میں یوں لگتا ہے کہ انھوں نے میرا بائی کے گیت کا رنگ اپنا لیا ہے جو کہ ماضی سے وابستگی اور تسلسل کی بنا پر ہے، مگر ان کی جذبوں کی صداقت ہے جو انھیں یہ رنگ اپنانے پر مجبور کرتا ہے۔ پروین شاکر نے بھر پور طریقے سے نسوانی احساسات کا اظہار کیا ہے۔ وہ عشق کی جسمانی اور محسوساتی کیفیات کا بیان بڑی خوبصورتی سے کرتی ہے جیسا کہ یہ شعر ہے:

اس نے جلتی ہوئی پیشانی پر جب ہاتھ رکھا   روح تک آگئی تاثیر مسیحائی کی

پروین شاکر نے گھر آنگن کے تصور کو بھی اپنی شاعری کا جزو بنایا ہے۔ بعض شعراء نے بھی اسے

برتنے کی کوشش کی ہے جس میں وہ کسی حد تک کامیاب بھی رہے ہیں۔ پر چونکہ خواتین اسی ماحول کی پروردہ ہوتی ہیں۔انہیں اپنے شعور کے ساتھ آنگن، در و دیوار، صحن اور لان کی وسعت کو وابستہ رکھنا پڑتا ہے اس لئے وہ کہیں بھی رہیں یہ احساس ان کے تعاقب میں رہتا ہے۔ان کی شاعری میں گھر آنگن کے کنوارے پن کی مہک بھی ہے اور ازدواجی زندگی کے رنگ بھی، عشق کے آزار بھی ہیں اور سکھیوں کو ہم راز بنا کر ان سے حال دل کہنے اور شرارتوں نیز چھیڑ چھاڑ برداشت کرنے کا حوصلہ بھی اور تنہائی میں محبوب کی آنکھوں پر ہاتھ رکھ دینا بھی۔بطور مثال چند اشعار:

ایک اک کر کے مجھے چھوڑ گئیں سب سکھیاں   آج میں خود کو تری یاد میں تنہا دیکھوں
گلابی پاؤں مرے چمپئی بناتے کو   کسی نے صحن میں مہندی کی باڑھ اُگائی ہو
کسے بلاتی ہیں آنگن کی چمپئی شامیں   کہ وہ اب اپنے نئے گھر میں بھی پرانا ہوا

سکھیاں، مہندی کی باڑھ، صحن، چمپئی شامیں سے جو تصور سامنے آتا ہے وہ ایک مکمل گھر کا ہے۔ اس گھر میں وہ سب کچھ ہے جس سے اس کی تعبیر و تشکیل ہوتی ہے۔

پروین شاکر کی شاعری میں نسوانی کردار کی پیش کش ان کی انفرادیت کی عکاس ہے کیونکہ انہوں نے شاعری میں اپنی حقیقی ذات کو پیش کیا۔انہوں نے وہی کچھ لکھا جو ان کی ذات ان سے لکھوار ہی تھی۔انہوں نے ہوس کے اس دور میں حق و صداقت کا ساتھ دیا، مشرقیت کا ساتھ نبھایا، اعلیٰ تعلیم یافتہ ہونے کے باوجود اپنی روایات کا بھرم رکھا۔حتی کے والدین کی خوشی اور رضا کے لیے اپنی محبت کی قربانی دی۔ والدین کی مرضی سے شادی کرتی ہے تو شوہر سسرال کی طرف سے مشکل حالات کا سامنا کرنا پڑتا ہے۔اپنی ذات کی نفی کرتے ہوئے وہ مشرقی عورت کی صورت اپنے سسرال اور شوہر کو خوش رکھنے کے لیے گھر کے کام کاج تک کرتی ہے،مگر انجام کار طلاق کا داغ دامن گیر ہوتا ہے۔لیکن پھر بھی یہ عزم و ہمت کا پیکر مسلسل گردش پیہم کا سامنا کرتے ہوئے زندگی کی روش پر چلتی ہے۔سماج کے اس تاریک پہلو اور المیے کے تئیں ان ک یہ شعر ملاحظہ ہوں:

طلاق دے تو رہے ہو مجھے غرور و قہر کے ساتھ   میرا شباب بھی لوٹا دو میرے مہر کے ساتھ
موسم کا عذاب چل رہا ہے   بارش میں گلاب جل رہا ہے

ایک عورت جو طلاق کے کرب سے گزر رہی ہو اس دوران وہ کن احساسات اور کیفیات کا شکار ہوتی ہے،ان کے اندرونی تخیل کے تلاطم کو ان اشعار سے بخوبی سمجھا اور محسوس کیا جا سکتا ہے۔اس کرب کا جہاں ان کو ایک طرف غم ہے وہیں دوسری طرف اس سے ہونے والی رسوائی کا ڈر بھی ہے اور اس ڈر کی شدت کو ان کے اس شعر سے بہتر طور پر سمجھا جا سکتا ہے:

کیسے کہہ دوں کہ مجھے چھوڑ دیا ہے اس نے   بات تو سچ ہے مگر بات ہے رسوائی کی

اس شعر کو غور سے دیکھا جائے تو آپ کو ڈر کے احساس کے ساتھ ساتھ ایک بالغ النظری کا ادراک بھی ہوگا۔انہوں نے اپنی زندگی میں جو تلخ فیصلے لیے تھے ان کی عکاسی ان کی شاعری میں بخوبی نظر آتی ہے۔مگر وہ ان تلخ فیصلوں سے بہتر اور آزاد زندگی گزرنے کا ہنر بھی جانتی ہے۔انہیں زندگی کا ہر فیصلہ منظور ہے۔بطور مثال یہ اشعار ملاحظہ ہوں:

بچھڑتے وقت دلوں کو اگرچہ دکھ تو ہوا کھلی ہوا میں مگر سانس لینا اچھا لگا
دشت و دریا سے گزرنا ہو کہ گھر میں رہنا اب تو ہر حال میں ہے ہم کو سفر میں رہنا

ان اشعار سے اس بات کا علم ہوتا ہے کہ انہیں زندگی کا ہر فیصلہ منظور ہے۔وہ حالات کے ساتھ سمجھوتا کرنا بھی جانتی ہیں اور ان سے اچھے نتائج اخذ کرنا بھی۔

پروین شاکر کی شاعری میں ایک اور نسائی احساس "ممتا کا جذبہ" ہے۔ممتا کا جذبہ محبت کے حسین ترین رنگوں میں سے ایک رنگ ہے۔ازدواجی زندگی میں قدم رکھنے سے قبل دوشیزہ کے خوابوں کے شہزادے کے ساتھ ایک معصوم سے پیکر کا ہولیہ بھی ابھرتا ہے۔جوں جوں محبوب کی قربت کا لمحہ قریب آتا ہے، یہ جذبہ حقیقت کے پیکر میں ڈھلنے لگتا ہے۔جب پروین شاکر کا اوّلین مجموعہ "خوشبو" منظر عام پر آیا تو وہ ڈاکٹر نصیر علی کی شریک حیات بن چکی تھیں۔اس وقت ننھے دوست کا جو خاکہ ان کے ذہن میں تھا اسے انہوں نے اس طرح بیان کیا ہے:

گھنے درختوں کی سبز شاخوں پر کھلنے والے حسین شگوفے

سنا ہے
تیرے گلاب چہرے کو برف باری کی رت سے نرگس بنا دیتا ہے
سو ننھی کونپل !اداس مت ہو
کہ تیرے رخسار کی شفق کو
کبھی بھی دست شب زمستان نہ چھو پائے گا
جوان جسموں کی مشترک دھڑکنوں کا پہلا جمیل نغمہ
جوان راتوں کی کوکھ سے پھوٹتا ہوا پہلا چاند ہے تو

یہاں شگوفہ، ننھی کونپل، ابر بہار کی پہلی سانس، جواں جسموں کی مشترک دھڑکنوں کا اولین نغمہ جمیل اور زندگی کے نئے افق کا استعارہ جس پیکر کی تخلیق کر رہا ہے اس میں معصومیت اور ممتا کے تمام رنگ بیک وقت نظر آتے ہیں۔اس اجنبی سے اگرچہ کوئی رشتہ نہیں ہے پھر بھی اس میں پروین شاکر کو اپنے بیٹے کا

عکس نظر آتا ہے۔ اسی لئے وہ اسے دعا دینے سے بھی گریز نہیں کرتیں۔ زرد راتوں کے بیت جانے اور سبز موسم کے قریب آنے کی نوید کے ساتھ یہاں دست بہار کے ملنے کی دعا بھی ہے جو یہ ظاہر کرتی ہے کہ اس وجود نے کس حد تک شاعرہ کے دل میں گھر کر لیا ہے۔

پروین شاکر عورت کی نفسیات اور اس کے جذباتی و ذہنی رویے اور کشاکش کا ذکر کرتی ہیں تو ان کے اسلوب اور لہجے میں طنز کا پہلو نمایاں ہو جاتا ہے، جس میں بلا کی کاٹ ہے۔ صد برگ تک پہنچتے پہنچتے پروین شاکر کی محبت روایتی تصور کو چھوڑ کر حقیقت کے قالب میں ڈھل کر سامنے آتی ہے۔ سماجی شعور، عصری تجربات اور ذاتی غم ان کی غزل کا پیکر پیش کرتی ہے۔ یہاں نسائی جذبات، خوابوں کی دنیا سے نکل کر حقیقت کی زندگی سے آنکھ ملاتے ہیں اور وہ کہتی ہے:

میں اتنے سانپوں کو رستے میں دیکھ آئی تھی　　　کہ تیرے شہر میں پہنچی تو کوئی ڈر ہی نہ تھا

پروین شاکر نے زمانے کے درد کو بھی لفظوں میں پیش کیا اور اپنی ذات میں چھپے درد اور غم کو بھی صفحہ قرطاس پر قوسِ قزح کے رنگوں کی طرح بکھیرا اور ان خوابوں کا ذکر بھی کیا جن کو کبھی تعبیر نہ ملی۔ اس نے اپنے حسین جذبوں اور اچھوتے خیالوں کو بڑے نرم و نازک لفظوں میں بیان کیا۔ اسی طرح انسائی نفسیات کی عکاسی بھی بڑی نفاست سے کرتی ہے۔ رومان پرور لمحوں میں جو احساسات و جذبات جنم لیتے ہیں وہ بھی بہت پُر لطف ہوتے ہیں ان کا بیان بھی پروین شاکر کی شاعری میں ایک جمالیاتی آہنگ لیے ہوئے ہیں جیسا کہ وہ کہتی ہے۔

اس نے چُوما مری آنکھوں کو سحر دم اور پھر　　　رکھ گیا میرے سرہانے مرے خوابوں کے گلاب
کون چھوکر انہیں گزرا کہ کھلے جاتے ہیں　　　اتنے سرشار تو پہلے نہ تھے ہونٹوں کے گلاب

درج بالا اشعار رومان پرور لمحوں میں نسائی کیفیات کے خوبصورت ترجمان ہیں کہ چھو جانے کی کیفیت سے جو خواب آنکھوں میں بیدار ہوتے ہیں اور جو محسوسات جنم لیتے ہیں اس کا خوبصورت عکس لفظوں کے انتخاب سے پیش کیا ہے۔

مجموعی طور پر ہم یہ کہہ سکتے ہیں کہ پروین شاکر کی شاعری کا بنیادی ماخذ ذات کا کرب اور نسوانی جذبات واحساسات کی ترجمانی ہے۔ جسے پروین شاکر نے شاعری میں محبوب کے تصور کو عام روش سے ہٹ کر پیش کیا ہے۔ محبوب کا یہی تصور ان کی شاعری کی شناخت بھی ہے اور روایت کی توسیع کا عمل بھی۔ اس روایت کی پاسداری کے لیے انہوں نے جدید لب ولہجہ اور کلاسکی شعریات دونوں سے استفادہ کیا۔ عورت کی آواز اس کی حسیت اور نسائیت کو جس منفرد اسلوب اور لہجے میں پروین شاکر نے بیان کیا ہے وہ بہت کم شاعرات کر پائی ہیں۔ پروین شاکر کی انفرادیت محض اس بات میں نہیں ہے کہ انہوں نے نسائی جزبات کی

کامیاب عکاسی کی ہے یا عورتوں کے ساتھ برتے جانے والے امتیازات کواجاگر کیا ہے بلکہ انکی شاعری کی سب سے بڑی خصوصیات الفاظ کی سادگی اور پرکاری بھی ہے۔

پروین شاکر کے ہاں ایک نوجوان لڑکی کے جذبات سے لیکر ایک شادی شدہ عورت اور پھر ایک ماں کی نسائی کیفیات کا بھرپور اظہار انتہائی ہنروری سے ملتا ہے۔اس کے ہاں جس عورت کا کردار سامنے آتا ہے وہ مسلسل ارتقا پزیر ہے۔ایک کم عمر لڑکی کی جو گھروندوں کے خواب بنتی ہے، محبت میں ناکامی کے بعد مشرقی اقدار کے لیے اپنے والدین کی مرضی سے شادی کرتی ہے مگر شادی کا انجام ناکامی پر ہوتا ہے۔ اپنے بیٹے کو اپنی خوشیوں کا محور بناتی ہے اورزمانے کی گردشوں کو برداشت کرتی ہے۔یوں اس کی شاعری میں عورت کے حوالے سےتقریباً ہر رنگ ملتا ہے جو فطری بھی ہے اور پُر تاثیر بھی۔ ناامیدی کو امید میں بدلنے کی کوشش میں ان کے کجرارے بھیگتے نین امیدوں کی قندیل سے روشن ہیں۔عورت کی اسی بے بسی اور مجبوری کو پروین شاکر نے اپنی غزلیہ شاعری میں نہایت ہی خوبصورت الفاظ میں ڈھالا ہے:

لڑکیوں کے دکھ عجب ہوتے ہیں سکھ اس سے عجب
ہنس رہی ہیں اور کاجل بھیگتا ہے ساتھ ساتھ

● ڈاکٹر محمد یٰسین

راحت اندوری......ایک احتجاجی شاعر

خشک سیروں تنِ شاعر کا لہو ہوتا ہے   تب نظر آتی ہے اک مصرعۂ تر کی صورت
ہزاروں سال نرگس اپنی بے نوری پہ روتی ہے   بڑی مشکل سے ہوتا ہے چمن میں دیدہ ور پیدا

راحت اندوری ہزاروں کیا لاکھوں میں ایک تھے۔ جو اردو کی اصناف شاعری میں اپنے ہنر وفن سے انقلاب برپا کیا ان کے کہے ہوئے اشعار برف کے سلّیوں کے نیچے دبے ہوئے شعلوں کے مانند ہیں جو دیکھنے میں بظاہر ٹھنڈ مگر تاثیر بالکل برعکس ہے۔ ان کی زبان بہت سادہ تھی اور اس میں بناوٹ نام کو نہ تھی، ان کی آواز میں گرج پن تھا اور ان کا چہرہ بظاہر جوش وخروش اور جذبات سے خالی نظر آتا ہے لیکن ان کے اندرون میں دہکتی ہوئی آگ کی گرمی اور جذبات کا طلاطم خیز طوفان پوشیدہ تھا جو لفظ ان کے زبان سے نکلتا تھا وہ سننے والوں کے دل ودماغ کی گہرائیوں میں اتر کر آگ لگا دیتا تھا۔ انھوں نے اپنے کلام اور اپنی شاعری کے ذریعہ ایک انقلاب کی جوت جگائی جو ہمیشہ جگمگاتی رہے گی۔ عہد حاضر کے مشاعروں کے بے تاج بادشاہ دائرے فانی کو الوداع کہہ دیا جس سے شعری وادبی دنیا کے علاوہ پورے اردو عالمی دنیا میں صف ماتم چھا گئی۔ ایک پھڑ پھڑاتا ہوا شعلہ بجھ گیا۔

دور حاضر نے اردو شاعری کی دنیا کا کوہِ نور اور اپنا سب سے بیش قیمتی سرمایہ کھو دیا۔ راحت کا جانا محض ایک شخص یا فرد کا جانا ہی نہیں بلکہ ایک تہذیب وفکر کا جانا بھی ہے۔ اس ہمہ جہت شخصیت کے اوپر اردو شاعری ہمیشہ ناز کرتی رہے گی۔ جس نے نہ صرف اردو شاعری کو نئی روش عطا کی بلکہ اس کے دامن کو وسیع سے وسیع تر کر دیا۔ راحت اندوری کا ایسے وقت میں جانا جبکہ قوم وملت وملک کے لیے ان کی اشد ضرورت تھی وہ وقت اور حالات کے مطابق شاعری کیا کرتے تھے۔ ان کے اندر وقت شناسی کوٹ کوٹ کر بھری ہوئی تھی ان کا اس دار فانی سے کوچ کرنا ادبی دنیا کا کافی نقصان ہوا ہے۔ جس کی بھر پائی از حد ممکن نہیں ہے۔

راحتؔ کو نہ صرف اردو والے یا صرف مسلم بلکہ ان کو ہر قوم ومذہب اور ہر طبقہ کے لوگ بیحد پسند

کیا کرتے ہیں چونکہ وہ عوام کی بات عوام کے لب ولہجہ وزبان میں شعر کہنے کہ بلا کی صلاحیت رکھتے تھے۔ وہ مشاعروں میں اپنے اشعار کے ذریعہ قہقہہ لگاتے ہوئے وہاں موجود سامعین کوتو لطف اندوز کرہی جاتے لیکن ان کا طنز اور چیلینج جس کی طرف ہوتا ان کے دِلوں میں بجلیاں کوندنے لگتی ہے۔ ان کے قہقہے اور مسکراہٹ سے ہزاروں تیر برستے اور کروڑوں لہولہان ہوجاتے تھے۔ان کا ایک شعر ہے۔

مزہ چکھا کے مانا ہوں میں بھی دنیا کو سمجھ رہی تھی کہ ایسے ہی چھوڑ دوں گا

راحتؔ اندوری نے اپنی شاعری سے حکومت سے آنکھ ملانے کا جذبہ بھی بیدار کیا اپنے منفرد انداز میں بیان کے لیے وہ ہمیشہ یاد کیے جائیں گے۔ بیسویں صدی کی آخری دو اور اکیسویں صدی کے شروعاتی دو دہائیوں میں ان کی بےخوف اور بے باکانہ شاعری صنف اردو شاعری میں ہمیشہ یاد کی جائے گی ۔تاریخ ان کے اس جذبہ تفاکر کو کبھی فراموش نہیں کرے گی بلکہ ان کی احتجاجی صدا کو تاریخ کے اوراق پر سنہرے حرفوں میں رقم کرے گی۔ بعد میں آنے والی نسلوں کو ان کی شاعری اس وقت کے سماجی ، سیاسی ، تہذیبی حالات کا تحقیقی وتنقیدی جائزہ لینے کا موقع فراہم کرے گی۔

ان کی ولادت ان کے کارہائے انجام ،ان کی مقبولیت ان کی شاعری کے تئیں ذوق وشوق اور ان کے شعری انداز بیان اور ان کی پوری شباحت کو پروفیسر ظفر احمد نظامی کچھ اس طرح رقم کرتے ہیں:

”چہرہ کتابی ،آنکھیں نیم خوابی ،شواں ناک ،زبان بیباک ، بڑے بڑے کان بلند کا نشان ، تا بحدنظر پیشانی ، ذہانت کی کہانی۔ یہ ہیں شاعر طرحدار ممتاز فنکار ، مشاعروں کی شان ،محفلوں کی جان ، پردۂ سیمیں کا وقار ، مقبول نغمہ نگار ، واقف کمزوری وشدزوری ، یعنی ڈاکٹر راحت اندوری۔ راحتؔ یکم جنوری ۱۹۵۰ء کو اندور میں پیدا ہوئے۔شب مالودہ پر شیدا ہوئے۔ ابتدائی اسباق گھر میں پڑھے پھر اعلیٰ تعلیم کی سیڑھیاں چڑھے۔اردو میں ایم۔اے پاس کیا ،خود کو پی ایچ ڈی سیروشناس کیا۔درس وتدریس کو پیشہ بنایا ،آئی کے کالج میں پڑھایا۔ مصوری کے ناز اٹھائے ،رنگ ریزی کے دیپ جلائے۔انھیں ابتدا ہی سے شاعری کا شوق رہا۔شعر وادب کا ذوق رہا ، ہزار شعر از بر تھے۔مستقبل کا مظہر تھے۔انھوں نے اختر شیرانی کو دل میں بیٹھایا۔ساحر کو اپنایا ، مجاز سے پیار کیا ، مخدوم پر اعتبار کیا ، فیض سے فیضیاب ہوئے ، کوچۂ سخن میں کامیاب ہوئے ، آخر کار تخلیق کا کرب سہا۔ ۱۹۶۸ء میں پہلا شعر کہا۔ پھر مسلسل شعر کہنے لگے ، دریائے سخن میں بہنے لگے۔ اگر چہ وہ شعر کہتے تھے ،تنہائی اس کا بوجھ سہتے تھے۔ پھر نشستوں میں شرکت کرنے لگے ، اندور کے ماحول میں ابھرنے لگے۔ لوگ

انھیں پہچاننے لگے، شاعر کی حیثیت جاننے لگے، محفلوں میں موجود پائے گئے، مشاعروں میں بلائے گئے، شہرتوں قریب ہوگئے، اردو دانوں کے حبیب ہوگئے، انھوں نے ترقی پسندوں کی چادر تانی، گلی کوچوں کی خاک چھانی، اب نامور گیت کار ہیں، پردۂ سیمیں کے نغمہ نگار ہیں، راہ میں کہیں نہیں رکے ہیں، بیشمار فلموں میں گیت لکھ چکے ہیں، انھوں نے ادب کا بلند اقبال کیا، دنیا کے سخن کو مالا مال کیا۔ ''دھوپ دھوپ'' سفر میں رہے، ''میرے بعد'' اپنی نظر میں رہے'' پانچویں درویش'' کا قصہ سنایا، شاعری کو دنیا کا تاج پہنایا۔ لیلائے غزل کا حسن نکھارا، ہندی کے قالب میں اتارا۔'' [پروفیسر ظفر احمد نظامی ، از لمحے لمحے راحت اندوری شاعری اور شخص ،ص:۱۱۔۱۲]

اردو شاعر کو اپنی زندگی بنانے والا شاعر یعنی راحت اندوری کو ایک وجدانی کیفیت طاری ہوتی ہے تو ایک صداء احتجاج بلند کرتے ہیں اس دیوانگی کو انھوں نے خود اعتراف کیا اور اپنے بارے میں لکھتے ہیں:

میری غزل سے بنا ذہن میں کوئی تصویر سبب نہ پوچھ میرے دیوداس ہونے کا
گلاب ، خواب ، دوا ، زہر، جام کیا کیا ہے میں آگیا ہوں بتا انتظام کیا کیا ہے
کسی نے دستک دی یہ دل پر کون ہے آپ تو اندر ہیں باہر کون ہے
سُلا چکی تھی دنیا تھپک تھپک کے مجھے جگا دیا تیری پازیب نے کھنک کے مجھے
کوئی بتائے ہمیں اس کا کیا علاج کروں پریشان کرتا ہے یہ دل دھڑک دھڑک کے مجھے
مجھ میں کتنے راز ہیں بتلاؤں کیا بند اک مدت سے ہوں کھل جاؤں کیا
عاجزی، منت، خوش آمد، التجا اور میں کیا کیا کروں مر جاؤں کیا
دن ڈھل گیا تو رات گزرنے کی آس میں سورج ندی میں ڈوب گیا ہم گلاس میں

راحت اندوری ہمیشہ حالات کے عین مطابق اشعار لکھنے میں ماہر تھے۔ اپنے گرد و نواح میں ہونے والے واقعات وحادثات کو شعری پیرائے میں پرونے سے نہیں چوکتے اور بلا خوف وخطر کہہ جاتے تھے۔

طوفان تو اس شہر میں اکثر آتا ہے دیکھیں اب کے کس کا نمبر آتا ہے
یاروں کے بھی دانت بہت زہریلے ہیں ہم کو بھی سانپوں کا منتر آتا ہے
سوکھ چکا ہوں ، پھر بھی میرے ساحل پر پانی پینے روز سمندر آتا ہے
ٹوٹ رہی ہے ہر دن مجھ میں اک مسجد اس بستی میں روز دسمبر آتا ہے

راحت اندوری کی یہ فنی صلاحیت تھی کہ دور حکومت کے خلاف اپنے تیکھے اور تلخ الفاظ میں مذمت اور

احتجاج اس قدر کرتے تھے کہ حکومتیں لاجواب ہو جایا کرتی تھیں کہ ان کے کہے ہوئے اشعار کو سوائے اعتراف کے کوئی چارہ نہ ہوتا، ان کے سامنے منہ بے زبان ہو جاتے، مشاعروں میں جب قہقہہ لگاتے ہوئے ان کے منہ سے اشعار نکلتے تو ایسا محسوس ہوتا ہے کہ جیسے سیاہ بادل میں کوندتی ہوئی بجلی نہ جانے کس کو آج اپنا شکار بنانے والی ہے۔

بجھ گئے چاند سب حویلی کے جل رہا ہے چراغ مفلس کا
خوار پھرتے ہیں آئینہ ہو کر جانے منہ دیکھنا ہے کس کس کا
محبتوں کے سفر پر نکل کے دیکھوں گا یہ پل صراط اگر ہے تو چل کے دیکھوں گا
وہ میرے حکم کو فریاد جان لیتا ہے اگر یہ سچ ہے تو لہجہ بدل کے دیکھوں گا

راحتؔ اندوری کو مصورانہ شاعری کرنے میں مہارت حاصل تھی ان کی غزلیہ زبان بالکل جدید ہے۔ ان کی غزل میں ایک تیز دھار دکھائی دیتی ہے جو بہت آسانی سے قارئین کے ذہن ودماغ میں گھر کر جاتی ہے۔ انھوں نے غزل کو پیچ وخم کے اصطلاحوں، تلمیحات اور استعاروں سے نکال کر سادہ سلیس اور آسان زبان کا جامہ پہنا دیا یہی ان کی انفرادیت ہے۔ ان کا مصورانہ ذہن ایسے ایسے وادیوں میں سفر کیا جہاں الفاظ کا ذخیرہ موجود ہے۔

بہت رنگین طبیعت ہیں پرندے درختوں پر کلنڈر لگ رہے ہیں
جو شاخوں پر اداسی کے برہنہ خط بناتے ہیں ہم ان سوکھے ہوئے پتوں سے گھر کی چھت پناتے ہیں
فرشتے رنگ برساتے ہیں موسم رقص کرتا ہے جب اڑتے بادلوں میں ہم تیری صورت بناتے ہیں

یہ راحتؔ صاحب کی ہی کمالِ شاعری ہے اور الفاظوں کے انتخاب کے ذریعے جو تصویرکشی کی ہے وہ جاذب نظر ہے:

قینچیاں ڈھونڈتی پھرتی ہیں بدن خوشبو کا خار صحرا، کہیں بھولے سے مہک مت جانا

آسمان کی ایک ایسی تصویر کھینچی ہے جو روز آپ کی نظرون سے گزرتی ہے۔

روز تاروں کو نمائش میں خلل پڑتا ہے چاند پاگل ہے اندھیرے میں نکل پڑتا ہے

غزل میں یہ تصویرکشی صرف راحتؔ کے نصیب میں آئی جسے بڑی خوبصورتی سے شعری پیرائے میں ڈھال دیتے ہیں:

جا نمازوں کی طرح نور میں اجلائی سحر رات بھر جیسے فرشتوں نے عبادت کی ہے
اندھیری رات کے گمراہ جگنوؤں کے لیے اداس دھوپ کی ٹہنی یہ رات رکھ دینا

ایسا محسوس ہوتا ہے کہ سورج، چاند، تارے، پرندے کو اپنے اشعار میں لاتے نہیں جیسے وہ خود

بخودوار دہونے لگتے ہیں۔سورج کوتو اپنی جدوجہد سے بھری زندگی کا استعارہ بنالیا ہے:

ہمیں چراغ سمجھ کر بجھا نہ پاؤ گے ہم اپنے گھر میں کئی آفتاب رکھتے ہیں

راحت،کبھی مایوس نہیں ہوتے غروب آفتاب سے بھی روشنی پھیلنے کی امید کرتے ہیں:

اٹھو اے چاند تاروں ، اے شب کے سپاہیو آواز دیرہا ہے لہو آفتاب کا

دھوپ اور چھاؤں کے مالک مرے بوڑھے سورج میرے سایے کو مرے قد کے برابر کردے

اردوشاعری میں سورج، چاند، ستارے،شاہین، کبوتر، پرندے، یہ سب ایک بلیغ استعارے ہیں۔ راحت صاحب ان سب استعاروں کا بخوبی استعمال کیا ہے۔جوان کی تخلیقی ذہن اور فکر کی گرہیں کھولتے ہیں،سورج روشنی کا استعارہ ہے اور پرندہ پرواز کی علامت ہے۔انھیں استعاروں کے سہارے وہ اتنی گہری ضرب کاری کرتے ہیں کہ ظالموں کے ہوش فاختہ ہوجاتے ہیں سماج کے مظالم کووحشی کبوتر کی شکل میں کس طرح ادا کرتے ہیں:

ہمارا شوق ہے دار ورسن کی پیمائش تمھارا کام کبوتر شکار کرنا ہے

ہیں مردہ خور پرندے چھتوں پہ بیٹھے ہوئے یہیں کہیں کوئی مقتل ضرور نکلے گا

بجھ گیا وحشی کبوتر کی ہوس کا گرم خون نرم بستر پر تڑپتی فاختائیں رہ گئیں

راحت اندوری کسی بھی واقعہ، حادثات ، احساس وجذبات اپنے دل ودماغ میں بہت دیرتک نہیں رہنے دیتے بلکہ انھیں بیساختہ اپنے انداز بیان سے شعری پیرائے میں ڈھال دیتے۔ جوشعلہ بن کر مظلوموں کی ڈھال بنتے ہیں۔اصل میں راحت کے یہاں غزل کے کئی چہرے سامنے آتے ہیں۔کہیں احتجاجی للکار،کہیں شکوہ، کہیں طعن، کہیں تشنیع تو کہیں خاموشیوں سے معموران کی غزل اپنی ایک الگ پہچان بنالیتی ہے جوانسانی شیطنت وخباثت کوضرب کرتی ہے علاوہ ازیں انسان کی نیکی اوراس کی معصومیت کا بھی اقرار کرتی اور کراتی ہے۔ان کے عہد کی ساری سرخیاں ان کی عبارت میں مسنخ ہوتی ہیں۔مکروفریب،ضمیر فروشی ،اقلیت کے اوپر ظلم وزیادتی ، نیز سماج کے غیر ترقی یافتہ قومیں جن کے سر پر روز بروز مظالم کے پہاڑ ڈھائے جاتے ہوں کے مختلف پہلوؤں کوشعری انداز میں لانے کی بھر پور کوشش کرتے ہیں:

درمیاں اک زمانہ رکھا جائے پھر کوئی پل سہانا رکھا جائے

خوب باتیں رہیں گی رستے بھر دھوپ سے دوستانہ رکھا جائے

دوستوں کا خیال رکھا کرو کچھ نئے زخم پال رکھا کرو

پھر وہ چاقو چلا نہیں سکتا ہاتھ گردن میں ڈال رکھا کرو

شکایت کس لیے ہے زندگی سے ہمیں دن رات مرنا چاہیے تھا

اکیلی رات بستر پر پڑی ہے مجھے اس دن سے ڈرنا چاہئے تھا
ڈبو کر مجھ کو خوش ہوتا ہے دریا اسے تو ڈوب مرنا چاہئے تھا
اس کا یہاں پہ کچھ بھی نہیں ہے اسے کہو جو چیز ہے جہاں کی وہیں رکھ کے بھول جائے
وہ اب آئینے دھوتا پھر رہا ہے اسے چہروں پہ شک ہونے لگا ہے

راحت اندوری کے ذہن میں الفاظ و موضوعات کا اتنا ذخیرہ موجود ہے کہ جب چاہیں جس انداز سخن میں بیان کر دیتے ہیں۔قدیم موضوعات کو جدید الفاظ و رنگ میں ڈھال دینا ہی ان کا مخصوص انداز بیان ہے:

یہ سارے لوگ تو شامل تھے لوٹنے میں مجھے سنا ہے اب مری امدا کرنا چاہتے ہیں
ہم اپنے شہر میں محفوظ بھی ہیں خوش بھی ہیں یہ سچ نہیں ہے مگر اعتبار کرنا ہے
میری غلیل کے پتھر کا کارنامہ تھا مگر یہ کون ہے جس نے ثمر اٹھا یا ہے
قرض ہے ماؤں کی چھاتی سے ٹپکتا ہوا دودھ اے حکومت تری امدا سے کیا ہوتا ہے
چہرہ مشکوک ہوئے جاتے ہیں آئینہ ہم بھی نہیں تم بھی نہیں
جو اک ہجوم ادھر ہے مرے دیار کا ہے تمھاری قبر پہ کتبہ مرے مزار کا ہے

راحت اندوری نیا اردو شاعری کو ایک نئے ایام سے جوڑنے کی کامیاب سعی کی ہے جسے محبوب کی زلفوں کے پیچ و خم سے باہر نکال عوام کے دکھ درد سے جوڑ دیا۔ جہاں مظلوموں کی کراہ اور سسکیوں کا حساب برابر کرنے کی بات کہی جانے لگی۔ وہ اپنی شاعری کے ذریعے ہر جابر و ظلم کا مقابہ سینہ سپر ہو کر کرتے رہے،اور مستقبل میں بھی جب کہیں استحصال ہوگا یا ظلم و زیادتی تو ان کے اشعار ضرور دہرائے جائیں گے۔ آج راحت اندوری ہمارے درمیاں نہیں ہیں لیکن ان کی آواز ہمارے کانوں میں گونج رہی ہے۔اور آگے بھی گونجتی رہے گی۔ان کے کہے ہوئے اشعار مشعل کی طرح ہیں جو ہمیشہ راستہ دکھاتے رہیں گے۔اور جب جب ظلم و ستم کا بول بالا ہوگا ان کی شاعری تب تب صدائے احتجاج بلند کرتی رہے گی۔

راہ میں خطرے بھی ہیں ، لیکن ٹھہرتا کون ہے موت کل آتی ہے آج آجائے ڈرتا کون ہے
ترے لشکر کے مقابل میں اکیلا ہوں مگر فیصلہ میدان میں ہوگا کہ مرتا کون ہے

● سلمان عبدالصمد

سوالات کے آئینے میں ''شعر شور انگیز''

شمس الرحمٰن فاروقی کے دیگر کارناموں سے قطع نظر ''شعرشورانگیز'' بھی ان کے ادبی سفر کا ایک اہم سنگِ میل ہے۔اس میں نہ صرف انھوں نے کلامِ میر کے معانی ومفاہیم متعین کیے بلکہ مطالعۂ شاعری کے لیے ایک نپے تلے ''اندازِ نقد'' کا انکشاف بھی کیا۔اسے ہم کلاسیکی غزل کی شعریات متعین کرنے کی قابلِ تحسین کوشش کا نام دے سکتے ہیں۔کلامِ میر کی تشریح میں مشرقی شعریات اور کہیں کہیں اسلامی نظریات ومغربی تصورات کو جس طرح بروئے کار لایا گیا اس سے شعری تفہیم کا ایک نیا باب کھلتا ہے۔انھوں نے میر کو قنوطیت کے پردے سے باہر نکالا۔ان کے چونچال پن اور ان کی زندگی کی رنگینیوں کا عمدہ تجزیہ کیا۔اس طرح حزن کے پردے سے نکل کر میر نے ''معنی آفرینی اور کیفیت'' کے ایک سے بڑھ کر ایک مظہر پیش کیے۔نثار احمد فاروقی کہتے ہیں کہ میر کے شعر کی طرح فاروقی کی تنقید میں بھی شور انگیزی ہے۔یقیناً بہت سے مقامات پر فاروقی کی تنقید میں میر کی شاعری سے زیادہ شورانگیزی نظر آتی ہے۔

''شعر شور انگیز'' کے مطالعے کے دوران جہاں ایک حساس قاری ''اسلوبِ انتقادیات'' کی ایک نئی دنیا میں پہنچ جاتا ہے، وہیں اس کے ذہن میں چند سوالات پیدا ہوتے ہیں۔چوں کہ تشریح وتنقید کے باب میں (دلائل کے ساتھ ساتھ) نکتہ رسی اور باریک بینی کی حیثیت بھی مسلم ہے۔اس لیے راقم نے فاروقی صاحب کی نکتہ رسی پر غور کیا تو بہت کچھ سیکھا، سمجھا، بار بار پڑھا (پھر بھی بہت کچھ سمجھنے سے رہ گیا)۔ان کے عالمانہ رویوں سے سیکھنے کے بعد راقم نے اس کتاب پر فکری نہ سہی 'تاثراتی سوالات' قائم کیے (ضروری نہیں کہ ان سوالوں کی کوئی علمی حیثیت بھی ہو، البتہ سوال آخر سوال ہوتا ہے)۔اس کتاب پر لکھے گئے پروفیسر نثار احمد فاروقی، پروفیسر عبدالرشید اور پروفیسر شارب ردولوی کے مقالات کا میں نے گہرائی سے مطالعہ کیا۔ان دونوں حضرات نے علمیت، تاریخی پہلو اور الفاظ ولغات کی طرف گراں قدر اشارے کیے ہیں۔ان کی نظروں سے میں اس کتاب کو دیکھنے اور پڑھنے کی کوشش نہیں کروں گا۔

پہلے مضمون ''خدائے سخن، میر کہ غالب'' میں کلامِ میر سے متعلق بہت سے مشہور مفروضات پر

منطقی بحث کی گئی۔ اسی مضمون سے میر کی جامعیت، سخن طرازی اور شعری اصناف میں ان کی ہمہ گیری سامنے آنے لگتی ہے۔ مفروضۂ ''خدائے سخن'' کا کسی حد تک جواز ہاتھ آجاتا ہے۔ یعنی ''میر نے غزل، قصیدہ، مرثیہ، مثنوی، رباعی، شہر آشوب، واسوخت اور ہجو تمام تر اصناف میں طبع آزمائی کی...... غالب کا تخیل آسمانی اور باریک تھا، میر کا تخیل زمینی اور بے لگام''۔ شاید فاروقی کے ساتھ ساتھ ہمیں بھی یہ تسلیم کرنا پڑتا ہے کہ ''خدائے سخن کا خطاب میر کو ہی زیب دیتا ہے۔'' چوں کہ اس مضمون میں متعدد مفروضات پر بحث ملتی ہے اس لیے اس مضمون کا نام بجائے ''خدائے سخن، میر کہ غالب''، ''مفروضاتِ میر'' ہونا چاہیے تھا۔ جب کہ اسی میں بہت سی ایسی باتیں بیان کردی گئی ہیں جن کا ''مفروضۂ خدائے سخن'' سے کوئی علاقہ نہیں۔ البتہ غالب کے متعلق فاروقی کا یہ اعتراف قابل تحسین ہے ''...... اس دیوان کے مرتب ہوتے وقت ان [میر] کی عمر پچاس سے متجاوز تھی۔ اتنی مشق کے باوجود وہ بیدل کے مضمون کو آگے نہ لے جاسکے۔ اس کے برخلاف انیس بیس برس کے غالب نے بھی بیدل سے یہی مضمون لیا تو اس میں ایک بات پیدا کردی...... غالب نے جہاں جہاں میر سے مضمون یا کسی بات کا کوئی پہلو مستعار لیا ہے تو ہمیشہ اس میں نئی بات پیدا کی ہے، یا پھر مزید معنویت داخل کی ہے......'' فاروقی یہ مانتے ہیں کہ مستعار لینے میں غالب، غالب ہیں۔ انھوں نے میر (دیگر بزرگ شعرا) سے بھی کچھ لیا تو اس میں جدت اور تنوع پیدا کردی، مگر دوسرے شعرا سے میر نے استفادہ کیا تو وہ اکثر قدیم مضمون کو آگے نہ بڑھا سکے۔

دوسری بات یہ کہ اس اعتراف سے فاروقی کا مقصد فقط اثر لکھنوی اور یگانہ چنگیزی کو رد کرنا تھا (کہ غالب کا کلام ''چربۂ میر'' نہیں بلکہ انھوں نے اپنے پیش رو میر کے مضمون کو بھی آگے بڑھایا) یا پھر اس اعتراف سے ''کائناتِ خدائے سخن'' میں غالب کی حصے داری بھی ثابت ہوتی ہے؟ بندہ حقیر کا خیال ہے کہ شعرائے ماقبل کے مضمون کو غالب نے آگے بڑھایا ہے تو اس میں خود غالب کے 'تخیل آسمانی اور باریک بینی' کا کردار ہے۔ اس لیے غالب کے تخیل آسمانی اور باریک بینی پر میر کے 'بے لگام تخیل زمینی' کو ترجیح دینا زیادہ مناسب بات نہیں لگتی۔

فاروقی صاحب کے اس وقیع مضمون سے کسی طور پر ''خدائے سخن'' کا مسئلہ تو حل ہوتا ہے، لیکن اس ضمن میں یہ بات بھی اہم ہوسکتی ہے کہ ادب کی مختلف اصناف (نثر یا نظم، نظم ونثر) پر طبع آزمائی سے کسی کی ہر درجہ فوقیت ثابت نہیں ہوتی۔ میر کے برعکس (غالب کی طرح) چند اصناف پر کمال حاصل کرنا ہی معراج کی بات ہے، جیسا کہ اردو کو فاروقی کی تنقید سے معراج نصیب ہوئی۔ البتہ مختلف اصناف پر طبع آزمائی سے تحسین کا پہلو ابھر تو سکتا ہے، مگر ''خدائے سخنی'' کے لیے بھی کوئی بڑی دلیل ہاتھ آئے، ایسا کوئی ضروری نہیں۔ اصناف کی

رنگارنگی کی وجہ سے غالب (جیسا کہ آپ بھی تسلیم کرتے ہیں کہ بہت سے معاملات میں میر سے بہت آگے ہیں) پر فوقیت دیتے ہوئے میر کو 'خدائے سخن'' کہنا کہاں زیب دیتا ہے۔

مضمون ''غالب کی میری'' میں کئی اہم پہلوؤں کی طرف اشارے کیے گئے ہیں۔ اس عنوان سے اندازہ ہوتا ہے کہ اس میں فاروقی صاحب نے میر سے غالب کے استفادے کا موضوع اٹھایا ہوگا۔ واقعہ یہ ہے کہ سترہ صفحات کے اس مضمون میں بہ مشکل دو صفحات پر یہ موضوع غالب ہے۔ ورنہ پورے مضمون میں ان دونوں عظیم شاعروں کا بھرپور موازنہ کیا گیا (یہ موازنہ میر سے استفادے کے تناظر میں نہیں)۔ بلاشبہ موازنۂ میر و غالب میں بھی بہت سے اہم مسائل زیر بحث آئے جو دوسرے ناقدوں کے یہاں کم ہیں۔ انھوں نے اس مضمون میں ''مضمون آفرینی اور بلند خیالی'' کے فرق کو جس انداز سے واضح کیا، وہ انتہائی اہم ہے۔ فاروقی کے مطابق معنی آفرینی دراصل ایسا طرز بیان ہے جس میں ایک ہی بیان میں کئی طرح کے معنی ظاہر ہوں یا پوشیدہ ہوں۔ اس کے برعکس بلند خیالی جس میں معنی کے زیادہ امکانات نظر نہ آتے ہوں۔ فاروقی نے ان اصولوں کے علاوہ کیفیت و مناسبت لفظی کی روشنی میں کلامِ میر کی تشریح کا نادر نمونہ بھی پیش کیا ہے۔

اسی مضمون میں انھوں نے آڈن اور والیری کے حوالے سے روزمرہ کی بحث قائم کی اور لکھا'' زبان کی عملی یا مجرد استعمالات میں بیان ناپائدار ہوتا ہے، یعنی زبان کی ہیئت، یا اس کا وہ طبعی ٹھوس حصہ، جسے ہم گفتگو کا عمل کہہ سکتے ہیں، افہام کے بعد قائم نہیں رہتا... والیری کا کہنا ہے کہ یہ زبان شاعری کے کام نہیں آسکتی۔ شاعری کی حیثیت زبان بنانی پڑتی ہے۔'' واضح رہے کہ آڈن اور والیری کو اس مضمون میں اس لیے موضوع بحث بنایا گیا کہ روزمرہ کی بحث کی جائے، مگر سچی بات یہ ہے کہ ان دونوں کی باتوں سے کسی بھی سطح پر روزمرے کا استعمال متعین ہوتا ہے اور نہ ہی اس کی تعریف۔ ایسا محسوس ہوتا ہے کہ فاروقی صاحب نے یہاں مغربی نظریہ سازوں کے ذکر سے اپنے مضمون کے فقط عالمانہ پہلو کو واضح کیا، نہ کہ کوئی علمی بحث کی۔ واقعہ یہ ہے کہ والیری نے تشکیلاتِ زبان کے متعلق جو نظریہ پیش کیا، اس سے میر کی نہیں، غالب کی زبان قابل اعتبار نظر آتی ہے۔ وہ خود لکھتے ہیں'' واضح رہے کہ والیری کی تہذیب میں 'روزمرہ' نام کی کوئی اصطلاح نہیں ہے۔ اس لیے یہ سوال بھی ہوتا ہے کہ جب والیری / آڈن کی تہذیب میں روزمرے کا ذکر ہی نہیں تو روزمرے کے تناظر میں ان کے نظریات پر بحث کی کیا ضرورت ہے؟ ان دونوں کے حوالے کے بغیر بھی روزمرے کی بحث ہوسکتی تھی۔ جیسا کہ خود انھوں نے 'میر کی زبان، روزمرہ یا استعارہ' کے تحت ان کے روزمرے کی انفرادیت ثابت کی اور پراکرت، عربی و فارسی کے مانوس فقروں کے استعمالات کو واضح کرتے ہوئے میر کی لسانی عظمت قائم کی۔ ان میں انھوں نے آڈن اور والیری کا کہیں ذکر تک نہیں کیا، مگر'' غالب کی میری''

والے مضمون میں پیوند کی طرح آڈن اور والیری کو حوالہ بنایا ہے۔

اسی مضمون ''غالب کی میری'' کے اس جملے ''......اس وقت کی مروج شعری زبان سے انحراف اور روزمرہ کو شاعری بنانے کا علم جو میر نے سرانجام دیا، وہ غالب کے کارنامے سے کم وقیع نہیں تھا۔'' سے ایک اور بحث ہوسکتی ہے اور اسی جملے کو واضح انداز میں کچھ یوں لکھا جا سکتا ہے:

اول: زبان کو شاعری کی زبان بنانے میں غالب نے کارنامہ انجام دیا۔

دوم: میر نے اپنے زمانے کی مروج شاعرانہ زبان سے انحراف کیا۔

سوم: تشکیل زبان میں غالب کا کارنامہ کیوں کر سامنے آتا ہے؟ اس لیے کہ انھوں نے اپنے زمانے کی مروج زبان سے انحراف کیا۔

چہارم: یعنی میر اور غالب دونوں نے اپنے اپنے زمانے میں رائج زبانوں سے انحراف کیا۔

ان چاروں پہلوؤں کے بعد تھوڑی توجہ دیں۔ میر نے بھی زبان بنانے میں کارنامہ انجام دیا، مگر غالب سے کم۔ اب سوال یہ ہے کہ غالب کے اس کارنامے کا اطلاق کہاں ہوگا؟ میر سے بہت سے معاملات میں (سوائے اصناف کی تعداد کے) غالب، غالب ہیں تو 'خدائے سخن' میں ان کا مقام کیوں نہیں بلند ہوتا؟

اسی ضمن میں دوسرا مفروضہ یہ ہے کہ میر کے زمانے میں (سودا اور حاتم کے علاوہ) زبان کے زیادہ نمونے نہیں تھے۔ جتنے بھی تھے ان سے میر نے انحراف کیا، مگر غالب کے زمانے میں بہت سے نمونے تھے۔ بہت سی روایتیں تھیں۔ جیسا کہ خود فاروقی صاحب تسلیم کرتے ہیں اور ادبی تاریخ بھی یہی ہے، مگر سوال یہ ہے کہ اپنے زمانے کے اکا دکا نمونوں سے انحراف کرنے والے کی اہمیت زیادہ ہوگی یا پھر مروج رنگا رنگ نمونوں سے خود کو منفرد و مختلف بنانے والے کی برتری تسلیم کی جائے گی؟ گویا جب غالب اس معاملے میں 'بھی' غالب نظر آتے ہیں تو غالب کے مقابلے میں میر کی عظمت کیسی؟ اپنے آسمانی تخیل کے سہارے قدیم شاعروں کے مضمون کو آگے بڑھانے میں بھی میر سے غالب کا مقام بلندتر، زبان بنانے کے معاملے میں بھی میر سے غالب افضل...اس افضلیت سے کیا خدائے سخنی میں غالب کی عظمت نہیں بڑھے گی؟

اسی مضمون ''غالب کی میری'' میں فاروقی نے انتظار حسین کے اس قول سے اتفاق کیا کہ میر میں ایک ناول نگار نظر آتا ہے، مگر آل احمد سرور سے کے اس بیان ''غالب ہمارے سامنے وہ محفل سجاتے ہیں جس میں زمین سے آسمان تک ہر چیز نظر آجاتی ہے'' کی تردید کی اور لکھا کہ ''سرور صاحب کا بیان بالکل درست ہے، لیکن غالب کی محفل محفل ہی رہتی ہے۔ کائنات نہیں بنتی ہے۔'' حالاں کہ سمجھنے والی بات یہ ہے کہ آل احمد سرور نے غالب کی محفل سے ''آسمان وزمین'' کو جوڑا ہے۔ ظاہر ہے کہ جس کی شاعری میں 'آسمان وزمین

تک کی چیز' کا تذکرہ شامل ہوتو کائنات کا مفہوم از خود شامل ہو جاتا ہے۔اس لیے سرور صاحب کی بات نہ صرف قرین عقل ہے بلکہ قریبِ کلامِ غالب بھی۔

مضمون ''غالب کی میری'' میں والیری اور آڈن کا حوالہ مناسب نہیں ہے، مگر شعرِ شور انگیز کی جلد دوم کی تمہید (انتہائی جامع مضمون) میں جب والیری کا حوالہ آیا تو اس میں جان پیدا ہوگئی۔ پھران کا ہی ذکر کیا، متن اور منشائے مصنف کے ضمن میں جتنے بھی مغربی مفکرین کے بیان کا جائزہ لیا گیا ان سب کا ذکر (حوالہ) ناگزیر تھا۔ خاص طور سے رچرڈس، الیٹ، ومزٹ، بیرڈسلی، اسپنگارن کیٹس، رومن یاکبسن، دریدا، فوکو، جیرلڈ گریف ٹموتھی، ولیم پرن، پال دمان وغیرہ کے نظریات کا نہ صرف تذکرہ و تجزیہ کیا گیا، بلکہ والیری اور رچرڈس سے اختلاف کے مواقع پر فاروقی صاحب نے علمیت اور نکتہ شناسی کا قابل ذکر نمونہ بھی پیش کیا۔اس مضمون میں فاروقی کی علمیت کی شور انگیزی، علمیت کی اعلیٰ مثال پیش کرتی ہے۔جن جن مغربی نظریہ سازوں کے جتنے حوالے پیش کیے گئے، (ایسا محسوس ہوتا ہے کہ) اگر ان میں سے کسی ایک کا بھی حوالہ چھوٹ جاتا تو شاید مضمون اور متن ومعنی کی بحث میں کسر رہ جاتی۔اس لیے ''غالب کی میری'' والے مضمون میں آڈن اور والیری پیوند کی طرح تھے، مگر یہاں ان کے ساتھ ساتھ دیگر مغربی مفکرین وناقدین کا ذکر انتہائی ضروری تھا۔اس طرح مشرقی نظریہ سازوں کے واقعات اور جملوں سے 'متن سے معنی کی برآمدگی'' کے مسئلے پر جو نتیجہ اخذ کیا گیا، وہ نہ صرف فاروقی کی نکتہ رسی کی اعلیٰ مثال ہے بلکہ مشرقی روایات کی اہمیت (اور فکری بحث کی اولیت) بھی ثابت کرتی ہے۔

ہمیں یہ تسلیم ہے کہ میر کی شاعری میں یاسیت ومحرومی کے برخلاف متنوع موضوعات وکیفیات موجود ہیں۔ ''شعرِ شور انگیز'' کے مطالعے سے پہلے ان تمام موضوعات یا خصوصیات کی طرف، میر کو سرسری پڑھنے والوں کا، ذہن منتقل نہیں ہوا ہوگا۔ کیوں کہ ان پر لکھنے والوں نے بیشتر ان کی محزونیت کا اس قدر ڈنکا بجایا کہ اسی میں میر کی بہت سی منفرد آوازیں دب کر رہ گئیں، مگر اس بات سے انکار نہیں کہ یاسیت بھی شاعری کا ایک حسن ٹھہر سکتا ہے۔ یاسیت بھی قلب دلوں میں عاجزی وفروتنی کی کیفیت پیدا کردیتی ہے۔منشائے منصف کے برخلاف یاسیت سے لبریز شاعری میں بھی کئی معنی چھپے ہوتے ہیں۔محزونیت کی فضا بھی بسا اوقات ایسی فضا ہوتی ہے جس سے حسی لطافت میں تازگی آجاتی ہے اور انسان کی ذہنی پرواز بھی تیز تر ہو جاتی ہے۔ میر کو گہرائی سے پڑھنے والے اس بات کو ضرور محسوس کریں گے کہ یاسیت ومحرومی میں وہ خود کو تنہا تنہا محسوس نہیں کرتے بلکہ قرأت کے دوران ایک غیر مرئی قوت ان قارئین کو مضبوطی وتازگی کا احساس دلاتی رہتی ہے، ساتھ ہی میر اپنے حزن کے برملا اظہار سے خود بھی شگفتگی آمیز لطف لیتے ہوں گے۔ (آگے کسی مقام پر چند اشعار سے اس بات کی تائید ہو جائے گی) اس لیے شاعری کے اس حزنیہ احساس سے کسی عظیم

شاعر کو کاٹ کر الگ کر دینا قرینِ عقل بات نہیں لگتی۔ میر کی متنوع خصوصیات کو اجاگر کرتے وقت وہ نہ صرف میر کے متعلق حزنیہ رائے کی تردید کرتے ہیں بلکہ میر کی اس خصوصیت کے منکر بھی نظر آتے ہیں۔ اگر کہیں دبے لفظوں میں اس حزن کا اعتراف کر بھی لیتے ہیں تو محض سرسری، گویا یہ شاعری (یا میر) کی کوئی اہم خصوصیت ہو ہی نہیں سکتی۔ میر کے کلام کی تازگی میں اس خصوصیت کو کوئی دخل ہی نہیں ہے۔ میرا خیال ہے کہ فاروقی صاحب نے میر کی زبان کو چونچال، پرلطف اور کثیر الاستعمال ثابت کرنے کے لیے روزمرہ کے موضوع پر جتنی بحث کی اور ''میر کی زبان، روزمرہ یا استعارہ'' کے عنوان سے دوشان دار مضامین تحریر کیے، اتنی ہی بحث یاس ومحرومی کے دلائل کے بطلان پر بھی کرتے۔ اس کا فائدہ یہ ہوتا کہ جس طرح میر کے محاورے میں قول محال اور ان کے استعاروں میں طنزیہ اسلوب نظر آتا ہے، اسی طرح میر کی یاسیت سے کوئی نغمگی یا موسیقی کی کوئی روایت بھی جڑی ہوئی نظر آتی، مگر انھوں نے شعوری طور پر میر کو اس خاص وصف محروم کر دیا۔ انھوں نے ''شعر شور انگیز'' والے مضمون میں میر کے لہجے کا دھیمان پن، نرمی، آواز کی پستی اور ٹھہراؤ کو موضوع بحث بنایا اور میر کی مروجہ ان خصوصیات کی تردید کی۔ اسی طرح وہ 'یاسیت' کے مشرقی متعلقات اور عالمی انسلاکات کو موضوع بناتے ہوئے کوئی مضمون اس کتاب میں شامل کرتے تو اس میں میر کی انفرادیت بھی واضح ہوتی اور اردو والے 'یاسیت ومحرومی' کے صحیح مفہوم سے آشنا ہو جاتے۔

جیسا کہ اوپر کہیں میر کے حزنیہ پہلو اور اس کے انفرادی مسئلے کی طرف توجہ دلائی گئی۔ اس لیے ذیل میں چند اشعار پیش کر کے ان کے حزنیہ پہلو کو اجاگر کیا جا رہا ہے (شاید یہ رائے صائب ہو)۔

درہمی حال کی ساری ہے مرے دیواں میں
سیر کر تو بھی یہ مجموعہ پریشانی کا

اگر فاروقی صاحب میر کی یاسیت کو باقی رکھتے ہوئے اپنے دل نشیں انداز میں اس شعر کی تشریح کرتے تو یہ شعر کہاں سے کہاں پہنچ جاتا اور حزن کی کیفیت سامنے آ جاتی۔ میر نے ''مجموعہ پریشانی'' سے بھی اپنے دکھ درد، برہمی و درہمی اور حزنیہ لے کا اعتراف کیا ہے۔ اس لیے ان کے حزنیہ لے سے ہمارے لیے انکار کیسے ممکن ہے۔ ساتھ ہی ساتھ میر کے حزن کی انفرادیت 'سیر کر...... تو بھی......' سے بھی سامنے آتی ہے۔ یعنی میر اپنے حزن سے خود کو ہلاک کر دینا نہیں چاہتے۔ گھٹ گھٹ کر جینا قبول نہیں کرتے بلکہ اس کا برملا اظہار کرتے ہیں۔ کہا یہ بھی جاتا ہے کہ غم کے اظہار سے غم ہلکا ہوتا ہے۔ شاید میر اسی اصول پر عمل کر رہے ہیں۔ وہ بھی کسی ایک سے دکھ کا اظہار نہیں کر رہے ہیں، بلکہ اس سے دو قدم آگے بڑھ کر اپنے دکھ درد کے مجموعے لوگوں میں بانٹ رہے ہیں۔ 'تو بھی......' بھی تو اس جانب مشیر ہے کہ پریشانی کے باغ کی سیر کے

لیے اذن عام ہے۔ میر کے اس خوب صورت حزنیہ پہلو کو اس لیے نظر انداز کرنا کہ دوسروں نے اس پہلو کو اپناتے ہوئے رائے قائم کرلی ہے، کوئی مناسب بات نہیں لگتی۔

فاروقی کے مطابق غالب عشقیہ یا جنس کے معاملے میں میر کے مقابلے اس لیے کمزور ہیں کہ غالب کی معشوقہ تصوراتی اور تجریدی نظر آتی ہے اور جرأت اس باب میں اس لیے نہیں ٹھہر سکتے کہ ان کے یہاں چوما چاٹی کی فضا ہے۔ میر کے دیگر جنسی پہلو کے ساتھ فاروقی صاحب کو میر کا پھکڑ پن بھی بہت پسند ہے۔ سوال یہ ہے کہ پھکڑ پن اور چوما چاٹی میں کوئی بہت زیادہ فرق ہے؟ کھینچا تانی اپنی جگہ، تاہم چوما چاٹی کی قبیل سے ہی پھکڑ پن ہے۔ یہ کیسا تضاد ہے کہ ایک کے پھکڑ پن سے غایت درجہ محبت اور دوسرے کی چوما چاٹی سے نفرت! فاروقی صاحب عشقیہ اشعار میں معنویت پیدا کرنے کے لیے جرأت کو سخن طرازی کا مشورہ دیتے ہیں، مگر غالب اس باب میں سخن طرازی کا نمونہ پیش کررہے ہیں تو بھی انھیں تصوراتی اور تخیلاتی محبوب والے کا طعنہ دے کر (بلکہ بید سے پھٹکار کر) باہر کردیا جاتا ہے! میر کو پرکھنے کے لیے فاروقی صاحب کے بنائے گئے 'اصول' میں 'پھکڑ پن اور چوما چاٹی کے فرق' کی کوئی واضح بحث ہوتی تو شاید ہم سب بھی پھکڑ پن کی تحسین سے لطف اندوز ہوتے۔ اسی طرح، اس مضمون میں، فاروقی صاحب میر کے اس پہلو کی بہت تعریف کرتے ہیں کہ وہ محبوب کے تئیں 'نانبائی' بن جاتے ہیں، مگر اسے برہنہ نہیں کرتے ہیں، جب کہ جرأت اور ان جیسے دیگر شعرا برہنگی کا مظاہرہ کرتے ہیں۔ سچی بات یہ ہے کہ دوسرے شعرا (کہیں کہیں) اپنے محبوب کو برہنہ کرتے ہیں، میر کا حال تو یہ ہے کہ وہ 'ننگا' لفظ کچھ اس طرح استعمال کرتے ہیں کہ محبوب کی برہنگی سے ابکائی آنے لگتی ہے۔

مضمون 'بحرِ میر' میں میر کی اس لیے تحسین کی گئی کہ انھوں نے ایک بحر سے اردو کے دامن کو وسیع کیا ہے۔ حالاں کہ بہت سے لوگوں نے اسی بحر کو 'بحر متقارب' تسلیم کیا اور کچھ لوگ اسے ہندی سے ماخوذ سمجھتے ہیں۔ ان دونوں نظریات کے بطلان کے لیے فاروقی صاحب نے جو دلائل پیش کیے ان سے ان کی عالمانہ حیثیت واضح ہوتی ہے۔ ان کی عرق ریزی اور نکتہ رسی یہاں اس طور پر بھی سامنے آتی کہ میر نے ۱۸۳۸ غزلوں سے ۱۸۳ غزلیں زیر بحث بحر میں کہی ہیں۔ تنقید میں اس طرح اعداد و شمار پیش کرنا ایک قابل تقلید مثال ہوسکتی ہے۔ اس کے علاوہ مصرعے بتیس حروف، ماترائیں اور مصرعہ کے وقفوں کی مثالوں سے میر کی اس بحر کو ممتاز ثابت کرنا کوئی آسان نہیں تھا مگر خود انھوں نے کئی حوالوں سے لکھا کہ علی عادل شاہ ثانی، میر جعفر زٹلی، سودا، جرأت، وغیرہ نے بھی اس بحر میں اشعار کہے (کم ہی سہی)۔ ظاہر ہے جس بحر میں قدیم شعرا نے بہت سے اشعار کہے ہوں اسی بحر کو ''بحر میر'' کہنا تو شاید بہت مناسب بات نہیں ہوسکتی ہے۔

فاروقی صاحب نے ''شعر شور انگیز'' جلد دوم کی تمہید میں مولانا اشرف تھانویؒ کا برمحل حوالہ دیا

اور ژاک دریدا کا بھی۔ اس کے بعد وہ لکھتے ہیں ''دونوں کے یہاں واضح طور پر یہ بات موجود ہے کہ اگر متن سے 'کوئی' معنی برآمد 'ہو سکتے' ہیں تو وہ حقیقی معنی ہیں۔ دونوں کے یہاں عندۂ مصنف کا کوئی ذکر نہیں...... گویا جو بات دریدا نے ۱۹۸۷ میں کہی اسے مولانا تھانوی ساٹھ پینٹھ برس پہلے (۱۹۲۲) میں کہہ چکے تھے۔''

اس حوالے سے دو باتیں سامنے آتی ہیں:

(۱) متن و معنی کی بحث میں مولانا تھانوی کی رائے کی اہمیت ہے

(۲) دریدا سے کوئی چھ دہائی قبل رائے قائم کرنے کی (مزید) اہمیت

اس اہمیت کو اجاگر کرنے کے بعد 'بحرِ میر' کے موضوع پر غور کیجیے۔ یعنی میر سے پہلے بھی اسی بحر میں کئی شعرا کے کلام موجود تھے۔ لفظ و معنی کی بحث میں 'اولیت وقدامت' کے تناظر میں مولانا تھانوی کے لیے تحسین آمیز اسلوب اپنایا گیا، مگر میر سے پہلے جن شعرا نے موضوع بحث بحر کو اپنایا تو ان کی کوئی وقعت نہیں؟ اس سے انکار نہیں کہ میر نے اس بحر میں جدتیں پیدا کیں۔ جدت کی بنیاد پر کسی کو 'مجدد' تو کہہ سکتے ہیں مگر 'مخترع وبانی' نہیں۔

شعر شور انگیز جلد دوم کی طوالت نہیں 'تمہیدِ معلوماتی' پڑھ لینے کے بعد کوئی فرد منشائے مصنف سے کلام کے معنی کو جوڑنے کی قطعاً وکالت نہیں کر سکتا۔ لیکن تصوف کے حوالے سے ایک سوال ذہن میں آتا ہے جس کا تعلق منشائے مصنف سے بھی ہو سکتا ہے۔ اگر نہیں بھی ہو، تو کم از کم 'سراغِ مصنف' سے ہے ہی۔ پہلے ایک مثال:

مجھ کو نہ اپنا ہوش نہ دنیا کا ہوش ہے
بیٹھا ہوں مست ہو کر تمھارے خیال میں
تاروں سے پوچھ لو میری روداد زندگی
راتوں کو جاگتا ہوں تمھارے خیال میں

ان اشعار پر غور کریں تو اس میں بازاری پن ظاہر ہوگا۔ معنی میں کوئی گہرائی نہیں اور لفظیات میں بھی دل کشی نہیں۔ جب تک یہ معلوم نہ ہو کہ یہ شعر کس کا ہے تو اس کے موضوع (مضمون) سے پردہ اٹھانا بہت مشکل ہے۔ اگر کسی نامور ادیب یا کسی عارف باللہ کی طرف اس کا انتساب کر دیا جائے تو از خود اس میں معنویت آ جائے گی، یعنی عشق مجازی اور عشق حقیقی۔ اگر مصنف نامعلوم ہو تو شاید اک دل جلے کا شعر تسلیم کیا جائے گا۔ سچائی یہ ہے کہ یہ اشعار مولانا عارف پرتاپ گڑھی کے ہیں اور پیر ذوالفقار نے فنافی اللہ کے تناظر میں اس کا ذکر کیا ہے۔ گویا اس کے خالق کے ذکر بعد اس شاعری کی عظمت بڑھ جاتی ہے۔ ایسی صورت میں 'سراغِ مصنف' کی کیا اہمیت ہوگی؟

حصہ سوم ''شعر شور انگیز'' میں کلاسیکی شاعری کی جو شعریات متعین کی گئی ہیں، ان سے فی زمانہ شاعری کی تشریح میں مدد لے سکتے ہیں۔ کیوں کہ شعریات سے الگ ہٹ کر نہ شاعری کو مضمون آفرینی کا بہترین نمونہ بنایا جاسکتا ہے اور نہ ہی معنی آفرینی کا۔ تیسری جلد میں شامل چار مضامین (بشمول تمہید جلد سوم اور تین ابواب) ایسے ہیں جن کی قرأت کے بغیر غزلیہ شاعری کی تفہیم مشکل ہے۔ ان مضامین میں فاروقی صاحب نے کلاسیکی شعریات کا نہ صرف 'احیا' کیا بلکہ اس شعریات کی روشنی میں اشعار کی تشریح بھی کی۔ ان کے مطابق کلاسک کے مطالعے کے لیے تہذیبی شعور سے آگاہ ہونا لازمی ہے۔ تہذیبی شعور کے بغیر ادب کی تفہیم ممکن نہیں۔ اسی طرح ان کا خیال ہے کہ کلاسیکی اور غیر کلاسیکی ادبی سرمایہ کے جائزے کے لیے کوئی 'آفاقی اصولِ ادب' مرتب نہیں کیا جاسکتا۔ کیوں کہ ہر ادب کا الگ الگ تہذیبی پس نظر اور شعریات ہوتی ہیں۔ ان مباحث کے علاوہ استعارے کی حقیقت خوب صورت انداز میں واضح کی گئی۔ ساتھ ہی روانی اور کیفیت کو مثالوں سے سمجھایا گیا۔ معنی اور مضمون کی روایت اور ان دونوں کے درمیان پائے جانے والے فرق کو مدلل پیش کیا گیا۔

ان تمام باتوں کے علاوہ تیسری جلد میں فاروقی نے ولی اور سعد اللہ گلشن کے موضوع پر روشنی ڈالی اور اس ضمن میں کئی امکانی اور عقلی دلائل پیش کیے ہیں۔ زیر بحث کتاب کے علاوہ انھوں نے اپنی معرکۃ الآرا کتاب ''اردو کا ابتدائی زمانہ'' میں ولی کی آمد اور سعد اللہ گلشن کے مشورے پر بحث کی ہے۔ چوں کہ دونوں کتابوں میں اندازِ پیش کش مختلف ہے (مگر منشا ایک ہے)، اس لیے پہلے ''اردو کا ابتدائی زمانہ'' سے ایک اقتباس:

> ''ہمیں اس بات پر حیرت لازمی ہے کہ آخر میاں صاحب [سعد اللہ گلشن] عرصۂ دراز تک اس بات کے منتظر کیوں رہے کہ ولی، یا دہلی کے باہر والا کوئی آئے تو اسے اپنا قیمتی مشورہ دیں؟... سترہویں صدی کے اواخر کی دلی میں شاہ گلشن کا شمار بڑے فارسی گویوں میں ہرگز نہ تھا۔ ریختہ بھی وہ بس یوں ہی کہہ لیا کرتے تھے۔ اس وقت میرزا عبدالقادر بیدل (۱۶۴۴تا۱۷۲۰ء) خود موجود تھے، پھر دوسرے نمبر پر محمد افضل سرخوش (۱۶۴۰تا۱۷۲۴ء) کو رکھا جاسکتا ہے... بیدل تھوڑی بہت ریختہ گوئی بھی کر لیتے تھے... اگر کوئی شخص کسی نئے شاعر کو شاہ گلشن سے منسوب مشورہ دینے کے لیے ہر طرح سے استحقاق ومجاز رکھتا تھا، تو وہ بیدل تھے، نہ کہ شاہ گلشن۔'' (اردو کا ابتدائی زمانہ)

مشہورِ زمانہ کتاب ''اردو کا ابتدائی زمانہ: ادبی تہذیب وتاریخ کے پہلو'' میں کئی ایسے مباحث

موجود ہیں جو اردو کی عام تاریخی روایتوں سے متصادم ہیں۔ یہاں ان تمام کی طرف اشارہ مقصود ہے اور نہ ہی محمود۔ البتہ ولی سے متعلقہ باتوں پر نظر ڈالنا ناگزیر ہے۔ کیوں کہ انھوں نے ولی کی دلی آمد کے بعد سعداللہ گلشن سے ملاقات کو کوئی اہمیت نہیں دی، بلکہ اس تناظر میں چند سوالات بھی قائم کر دیے، تاہم ان سوالات کی بنیاد تاریخی نہیں محض عقلی ہے۔ اس سلسلے میں ان کا پہلا سوال یہ ہے کہ سعداللہ گلشن عرصۂ دراز تک اس بات کے منتظر کیوں رہے کہ ولی، یا دہلی کے باہر والا کوئی آئے تو اسے اپنا قیمتی مشورہ دیں؟ فاروقی صاحب کے اس سوال کا جواب کئی طرح سے دیا جا سکتا ہے:

اول، یہ کہاں ثابت ہوتا ہے کہ سعداللہ گلشن مشورہ دینے کے لیے منتظر بیٹھے تھے۔ دوم، مشورے کا معاملہ حالات سے جڑا ہوتا ہے۔ حالات کے مدنظر کوئی کسی فرد کو مشورہ دے دیتا ہے۔ یہاں معاملہ یہ ہے کہ دہلی آمد کے بعد ولی نے سعداللہ گلشن کو اپنے چند اشعار سنائے۔ گویا نہ انتظار کا کوئی معاملہ ہے اور نہ ہی مشورے کے لیے دہلی سے باہر کے کسی فرد کا مسئلہ۔ بس ایک اتفاق تھا کہ ولی کے کلام میں میاں گلشن کو ایک امکان نظر آیا اور ولی کا کلام سن کر انھوں نے برجستہ مشورہ دے دیا کہ ''یہ سب مضامینِ فارسی، کہ بیکار پڑے ہیں، انھیں اپنے ریختہ میں استعمال کرو''۔ گویا فاروقی صاحب کے سوال کا یہ ایک جواب ہوا۔ ساتھ ہی ان کے مذکورہ سوال پر یہ سوال بھی ہوسکتا ہے کہ کیا غالب منتظر تھے کہ کوئی حالی آئے گا اور وہ ان کو شعر کہنے کا مشورہ دیں گے۔ غالب اور حالی کے معاملے میں بھی اتفاقیہ حالات کی کارفرمائی (پسندیدگی) ہے۔ اگر غالب، حالی کے یہاں امکانات نہ دیکھتے تو قطعاً مشورہ نہیں دیتے۔ بالکل یہی معاملہ ''پیر'' گلشن اور ''مرید'' ولی کا ہے۔

شمس الرحمٰن فاروقی کے دوسرے سوال کا لب لباب یہ ہے کہ جو مشورہ سعداللہ گلشن نے ولی کو دیا، اس مشورے کا مجاز بیدل تھے کیوں کہ بیدل گلشن سے بڑے فارسی گو تھے۔ اس سوال کی نوعیت بھی محض عقلی ہے، تاریخی نہیں۔ کوئی بعید نہیں کہ اگر یہ سوال کلیتہً تاریخی ہوتا تو راقم کی طرح نئے لکھنے والوں کے لیے اس پر کلام بہت مشکل ہوتا، مگر عقلی ہے تو بہت کچھ کہا جا سکتا ہے۔ فاروقی صاحب انتہائی معزز ہیں اور میرے لیے تو اِتنے کہ اُن جیسا ناقد فی الحال میری نگاہ میں کوئی نہیں۔ الہ آباد میں وہ مقیم ہیں اور وہیں سید محمد عقیل بھی مقیم تھے۔ اب کوئی اپنے اندر ادبی امکان رکھنے والا نوجوان الہ آباد پہنچ کر فاروقی صاحب سے نہ ملے اور سید محمد عقیل (یا پروفیسر فاطمی) کے یہاں حاضر ہوجائے۔ ادبی گفتگو کے دوران اگر سید محمد عقیل یا پروفیسر فاطمی انھیں کوئی ادبی مشورہ دیں تو کیا اس مشورے کی کوئی اہمیت نہیں ہوگی؟ کیا ان کے اس مشورے کو یہ کہہ کر رد کر دیا جائے گا کہ الہ آباد میں فاروقی صاحب کی موجودگی

میں کوئی کسی ادیب کو کیوں مشورہ دے سکتا ہے یا پھر فاروقی کے مشورے کی ہی اہمیت ہوگی اور عقیل صاحب کے مشورے کی نہیں؟ راقم کا خیال ہے کہ ہر ذی علم فرد یہی کہے گا کہ دونوں کے مشوروں کی اہمیت ہوسکتی ہے۔ کچھ یہی صورت ہے سعد اللہ گلشن کے مشورے کی۔ یہاں پر فاروقی صاحب کی یہ بات بھی قابل توجہ ہے: ''اس بات کا قوی امکان ہے کہ ولی اور گلشن ایک دوسرے کو پہلے سے جانتے رہے ہوں۔'' ((اردو کا ابتدائی زمانہ)) اگر یہ پہلو مسلّم ہے تو میاں گلشن کا مشورہ اور بھی بہتر طریقے سے سامنے آئے گا۔ بایں معنی کہ ولی کے گلشن سے مراسم تھے۔ اس لیے ولی جب آئے تو ان کے پاس (بیدل کے پاس نہیں۔ اور دلی آنے سے پہلے بھی وہ ان کو مشورہ دیتے رہے ہوں) گئے ہوں۔ میرزا بیدل کے پاس نہیں۔ ولی اور گلشن کے درمیان قربت تھی۔ چناں چہ ولی کے یہاں پائے جانے والے نئے امکانات سے سعد اللہ گلشن واقف ہوں گے، اسی لیے انھوں نے ایسا مشورہ دیا جس سے ولی کی شاعرانہ ولایت معتبر ہونے لگی۔ جہاں تک سعد اللہ گلشن کی شخصیت کا سوال ہے تو وہ اتنے حقیر، غیر معروف یا غیر ریختہ شناس اور غیر زبان آشنا نہ تھے کہ کسی کو بہتر مشورہ بھی نہ دے سکیں۔ انور سدید نے لکھا ہے ''پھر شاہ گلشن کوئی غیر معروف شخصیت نہیں تھے۔'' (7) اس لیے یہ کہنا پڑتا ہے کہ پیر سعد اللہ گلشن نے نہ صرف ولی کے گلشنِ کلام کو معطر کردیا بلکہ ولی کی ولایت و کرامت کو بھی استحکام عطا کیا۔

یہ تمام باتیں ''اردو کا ابتدائی زمانہ'' سے ماخوذ ایک اقتباس کے مدنظر کی گئیں مگر ''شعر شور انگیز'' میں بھی ولی اور گلشن کا موضوع مکمل آب و تاب کے ساتھ موجود ہے، اس لیے اس کتاب کی ضمن میں مذکورہ باتوں کو پیش کیا گیا۔ اس بحث کے بعد ان دونوں کے حوالے سے ''شعر شور انگیز'' کے مزید چند پہلوؤں پر گفتگو لازمی ہے۔ کیوں کہ فاروقی صاحب نے ولی اور گلشن کے متعلق سلسلے وار کئی سوالات اٹھائے۔ ذیل میں چار نمبروں کے تحت من و عن فاروقی صاحب کے سوالات پیش کیے جا رہے ہیں اور ہر نمبر کے تحت لکھے گئے سوال کے بعد ''مفروضے'' کے عنوان سے راقم کی ناقص رائے بھی ہوگی۔ (ا) بقول فاروقی:

> ''اگر سعد اللہ گلشن نے ولی کے کلام کی تحسین و توصیف کی تو اس کا مطلب یہ ہے کہ انھیں ولی کا کلام پسند آیا۔ پھر اس بات کی کیا ضرورت تھی کہ وہ انھیں 'مضامین فارسی' برتنے کا مشورہ دیتے؟''

مفروضہ: فاروقی صاحب کے مذکورہ سوال کا جواب بہت آسان ہے۔ اس کو ایک مثال سے سمجھ سکتے ہیں کہ ہم اکثر اسی کو مشورے دیتے ہیں جس کو ہم پسند کرتے ہیں۔ غالب نے حالی کو مشورہ اس لیے دیا کہ 'حالی کا کلام' غالب کو کسی حد تک پسند آیا۔ اسی طرح سعد اللہ گلشن نے ولی کے کلام کو پسند کیا،

اس لیے انھوں نے بھی ولی کو مشورہ دیا۔ چناں چہ یہ مطلب نکالنا کہ پسندیدگی کے بعد مشورے کا جواز ختم ہو جاتا ہے، شاید مناسب بات نہیں۔ (۲) بقول فاروقی:

> ''میاں گلشن کے مشورے کا مطلب یہ نکلتا ہے کہ وہ اس بات سے واقف نہ تھے کہ اردو کے شعرا عرصۂ دراز سے فارسی مضامین برت رہے تھے۔ ظاہر ہے کہ اس کا مطلب یہ ہے کہ میاں گلشن کو اردو ادب کے بارے میں کچھ خبر نہ تھی۔ یہ بات قرین قیاس نہیں۔''

مفروضہ: بالکل، سعد اللہ گلشن کو معلوم تھا کہ ہندوستانی شعراء فارسی مضامین، اردو یعنی 'سبک ہندی' میں برت رہے ہیں۔ ولی بھی برت رہے تھے (جیسا کہ ولی کے عہد کے گجرات و دکن میں ہندوستانی اور ایرانی شعریات کی کشمکش نظر آتی ہے۔) اس لیے یہ کہا جا سکتا ہے کہ ولی کے یہاں بھی ایرانی اور ہندوستانی شعریات کی کشمکش جاری ہو۔گلشن نے ولی کے یہاں پائی جانے والی اسی 'کشمکش' کو پسند کیا ہو اور اسی 'پسندیدگی' کی بنیاد پر ولی کو مشورہ دیا ہو کہ 'اور زیادہ فارسی مضامین' اپنے اشعار میں لاؤ۔ (۳) بقول فاروقی:

> ''شاہ گلشن ایک متدین اور ثقہ شخص تھے۔ یہ بات قرین قیاس نہیں کہ انھوں نے ایسی غیر اخلاقی بات کہی ہو کہ فارسی والوں کے مضامین اردو میں لکھو، تمھیں پکڑنے والا کوئی نہیں؟ پھر جب خان آرزو، بیدل، ٹیک چند بہار سیالکوٹی مل دارستہ، آنند رام مخلص جیسے لوگ موجود تھے، جو فارسی اور اردو میں ذولسانین تھے تو یہ کہنا بے معنی تھا کہ مضامین خوب نظم کرو، محاسبہ کرنے والا کوئی نہیں۔''

مفروضہ: اس سلسلے میں پہلی بات یہ ہے کہ سعد اللہ گلشن نے فارسی مضامین کو من و عن اردو میں منتقل کرنے یعنی اپنے نام سے فقط ترجمے کا مشورہ نہیں دیا تھا۔ برتنے کا مشورہ دیا۔ 'برتنے' کے لفظ سے ترجمے یا چوری کا پہلو نکالنا قرین عقل نہیں ہو سکتا۔ اس لیے کہ یہ کہنا شاید مناسب نہیں کہ گلشن جیسے متدین شخص ولی کو 'غیر اخلاقی بات' کی تعلیم کیسے دے سکتے ہیں۔

دوسری بات یہ کہ استفادہ یا متقدمین کے مضمون کو آگے بڑھانے کی روایت اردو میں موجود ہے۔ میر سے غالب نے بھی استفادہ کیا۔ پھر غالب نے دیگر فارسی اور ہندی شعرا کے مضمون کو اپنے کلام میں باندھا، یعنی استفادہ کرتے ہوئے انھوں نے متقدمین کی پرانی بات میں ایک نئی بات پیدا کر دی۔ (شعر شور انگیز کی پہلی جلد کے پہلے مضمون ''خدائے سخن، میر کہ غالب'' میں بھی یہ بحث موجود ہے۔) اس لیے سعد اللہ گلشن کے مشورے کو فارسی مضامین کے ''ترجمے یا چوری'' کے پس منظر میں

دیکھنا کوئی بہتر بات نہیں۔(۴)بقول فاروقی:

''اصل بات یہ ہے کہ ولی کا اپنا کارنامہ ہے کہ انھوں نے دکن والوں کی ملی جلی طرز کو ترک کیا اور سبک ہندی اختیار کیا۔''

مفروضہ: یہ بات مسلم ہے کہ''مشورہ'' اور'' کارنامہ'' دونوں الگ الگ چیز ہے۔ یقیناً ولی نے'' سبک ہندی'' میں فارسی مضامین کو برتا ہے تو یہ ان کا 'اپنا کارنامہ' ہی ہے۔لیکن اتنی بات ضرور کہی جاسکتی ہے کہ سعداللہ گلشن کے مشورے سے ولی کا کارنامہ 'مسخ، مجروح، کم تر، ناقابل اعتبار' نہیں ٹھہرتا۔ یعنی اگر ولی ان کا مشورہ قبول کرلیں تو بھی ان کے 'کارنامے' پر کوئی حرف نہیں آئے گا۔اس لیے یہ کہنے میں کوئی دقت نہیں کہ یقیناً ولی (دلی آنے) سے پہلے بھی کارنامے کا نمونہ پیش کررہے تھے مگر زیر بحث مشورے کے بعد ولی کو 'مکمل کارنامہ' انجام دینے میں مزید آسانی ہاتھ آئی ہو۔

''شعر شور انگیز'' میں شامل تمام مضامین (بہت سے اشعار کی تشریح) پڑھنے کے بعد سلسلے وار مزید چند تاثراتی پہلوؤں کا ذکر کرنا ضروری ہے۔ان پہلوؤں میں طنز بھی ہے اور کچھ حقیقت بھی، کچھ لفاظی بھی، کچھ سچائی بھی:

(۱) جس کی عربی، فارسی اور انگریزی انتہائی شان دار (تقریباً مادری-باپ کی-زبان) نہ ہوجائے، وہ اگر تنقید لکھے گا تو بلاشبہ وہ تنقید کا حق ادا نہیں کر پائے گا۔گویا تنقید(اردو میں) لکھنے کے لیے مادری زبان کے ادب کو ہی پینا کافی نہیں بلکہ عربی وفارسی کے ساتھ ساتھ انگریزی کا دریا بہانا ازحد ضروری ہے۔

(۲) مجھے''شعر شور انگیز'' کی پہلی جلد کے علاوہ بقیہ تینوں جلدوں کے مضامین زیادہ عالمانہ معلوم ہوتے ہیں۔کیوں کہ ان مضامین میں'' کھینچم کھانچ'' کم نظر آتی ہے۔ان سب کے اس قدر جامع ہونے کی یہ بھی وجہ ہوسکتی ہے کہ مکمل آب وتاب کے ساتھ ان میں 'ممدوح میر' موجود نہیں۔ان مضامین میں کسی ایک بحث کو پھیلا کر اختتام میں شان دار طریقے سے مربوط کردیا گیا یا پھر ان میں جو بحث کی گئی، اس بحث کا پورے مضمون سے گہرا ولگاؤ واضح ہوتا ہے۔

فاروقی کی تنقید کی یہ بھی انفرادیت ہے کہ وہ ایک مفروضے کو ثابت کرنے کے لیے متعدد دلائل پیش کرتے ہیں اور نتیجتاً آخر میں اسی مفروضے کو ثابت کرلیتے ہیں۔اس لیے ان کے مضامین میں پھیلاؤ کی صورت نظر آتی ہے۔واقعہ یہ ہے کہ 'غالب کی میری' اور 'خدائے سخن میر کہ غالب' میں فاروقی کی انفرادیت والا کوئی پھیلاؤ نہیں، بلکہ ایک ہی مضمون میں کئی ایسے بیان بھی ہیں جن کا نفسِ مضمون سے کوئی تعلق نہیں، یا پھر مضمون کے لیے منتخب کیے گئے عناوین سے کوئی علاقہ نہیں۔

(۳) میرا ذاتی خیال ہے کہ کہیں کہیں کلامِ میر سے زیادہ فاروقی کے اندازِ تشریح میں دل کشی نظر آتی ہے۔ کبھی کبھی تو ایسا بھی محسوس ہوتا ہے کہ فاروقی صاحب نے کلامِ میر کے مطالعے کے بعد اپنی رائے قائم نہیں کی بلکہ اپنی علمیت کے سانچوں میں ان کے اشعار کو ڈھال دیا۔ یہی وجہ ہے کہ ان کی علمیت حاوی نظر آتی ہے اور اشعار پھیکے (میر کی روح سے معافی)۔ اکثر غالب کے اشعار کی معنویت مجھ پر واشگاف ہوتی ہے تو ایک عجیب 'کیفیت' کا احساس ہوتا ہے، یک گونہ خوشی بھی ہوتی ہے اور غالب کی شرح بتانے والا شارح ذہن و دماغ سے اوجھل ہو جاتا ہے، غالب کے اشعار کی معنویت اور تازگی کا احساس دیر پا ہوتا ہے، مگر میر کے اشعار کا معاملہ ذرا مختلف ہے۔ ان کے بہت سے اشعار کی تشریح کے بعد اشعار پھسپھسے لگتے ہیں اور فاروقی کا اندازِ نقد ذہن پر چھایا رہتا ہے۔ (یہ میری ذاتی کیفیت ہو سکتی ہے)۔

(۴) رومن یاکبسن کا کہنا ہے کہ نظم [تخلیق] میں معنی اس وقت بھی پوشیدہ رہتا ہے، جب کسی نظم سے ذہین سے ذہین فرد بھی معنی نکال چکا ہو۔ ہو سکتا ہے کہ ''شعر شور انگیز'' کے بعد بھی میر کے بعض اشعار میں 'امکاناتِ جہانِ معنی' موجود ہوں اور وہی فرد ان معنی کو قابو میں کر سکے جو تنقید لکھنے کا اہل ہو جائے، یعنی مختلف زبانوں کی ہزاروں کتابوں پر نوٹ لکھ کر پیش کر سکے۔

الغرض شمس الرحمٰن فاروقی کے تنقیدی امتیازات میں ان کی عظمت کا راز پوشیدہ ہے۔ یہ عظمت ان کے تنقیدی دعوؤں اور دلائل سے مترشح ہوتی رہتی ہے۔ کیوں کہ انھوں نے بے شمار مروجہ ادبی تاریخ کو الٹ پلٹ کر دیا، فکر کے روایتی بتوں کو ڈھا دیا۔ اسی طرح اندازِ تشریح، معانی کی گہرائی اور مطالب کی گیرائی سے اپنی تنقید کو امتیازی شان کا حامل بنا دیا۔ فاروقی کی تنقید کا تحقیقی و لغوی پہلو بھی اپنے آپ میں ایک مثال ہے۔ کیوں کہ انھوں نے تنقیدی مضامین (تشریحات) میں جس طرح لغات سے استفادے کے بعد معانی متعین کیے وہ بھی انتہائی مفید رویہ ہے۔ تاریخی حوالوں سے اپنے دلائل کو مضبوطی عطا کرنا اور اسی کے سہارے بت شکنی کرتے چلے جانا بھی ان کا ایک عجیب علمی کارنامہ ہے۔ اس کے علاوہ فکری، نظری اور اصطلاحی مباحث کو تجزیاتی عمل سے مدغم کرتے ہوئے مضمون کو اختتام تک پہنچانا بھی ان کی تنقید کا نادر پہلو ہے۔ ان تمام اوصاف سے متصف ہونے کے بعد ان کی تنقید میں علمیت کے ساتھ ساتھ ایک کشش پیدا ہو جاتی ہے۔ جس طرح قاری تخلیقات کی شیفتگی میں ڈوب جاتا ہے، بالکل اسی طرح فاروقی کی تنقیدی شوریدگی بھی قاری کو خود سے لپٹائے رکھتی ہے۔

◄◄ ● ►►

● **نیر و سید**

شمیم حنفی کے ڈراموں کا فنی مطالعہ

اردو ادب کی تاریخ میں خصوصاً صنف ڈراما کے میدان میں شمیم حنفی کا نام بطور ڈراما نگار کسی تعارف کا محتاج نہیں۔ آپ اس عہد میں ڈراما نگاری کی طرف متوجہ ہوئے جب یہ صنف ادب (ڈراما) اپنی جبلی پہچان کھو رہی تھی۔ آپ نے اس صنف کو نہ صرف مقبول عام کیا بلکہ اس کی فنی قدر و قیمت کا احساس بھی دلایا۔ آپ لکھتے ہیں۔

> ''اب تک جو کچھ لکھا ہے، اسے جو نام بھی دیا جائے، شعر، تنقید، ڈراما وہ سب کا سب میرے لئے ایک آپ بیتی کا حصہ ہے، ناقص، نامکمل اور ایک حد تک نامربوط جب تک کوئی لمحہ واقعہ واردات یا لفظ، میرا تجربہ نہ بنے، مجھ پر اس کے معنی نہیں کھلتے یہ ڈرامے ان لمحوں، موسموں، مناظر اور کرداروں ے تجربے ہیں جن سے میرا تعارف اپنے حواس کے وسیلے سے ہوا اور اسی واسطے میرا نیا تجربہ بھی ہے۔ اس تجربے تک رسائی میں کوئی دیوار آڑے نہ آئی۔ سیاسی سماجی، اقتصادی، تہذیبی، ذاتی اور اجتماعی اس کی سطح اور نوعیت کچھ بھی ہو میں نے ہر واردات کو ایک انسانی صورتِ حال کے طور پر دیکھنے اور پھر اسے ایک نئے تماشے کا روپ دینے کے جتن کئے ہیں۔''(۱)

جہاں تک شمیم حنفی کے ڈراموں میں پلاٹ کا تعلق ہے تو انھوں نے اپنے ڈراموں کے پلاٹ میں نوجوان نسل اور بزرگوں میں جو ایک رسا کشی ہے، اس سے گریز کرنے کی ترغیب دی ہے۔ شمیم حنفی کا ماننا ہے کہ صحت مند روایت کو بھی نوجوانوں کو اپنانا چاہئے اور ساتھ ہی ساتھ پرانے لوگوں کو بھی نئی اور جدید ایجادات کو قبول کرنے میں ہچکچاہٹ نہیں ہونی چاہئے۔ شمیم حنفی نے دراصل اپنے ڈراموں اور تخلیقات کے وسیلے سے بزرگوں اور نوجوانوں میں ایک قسم کی ذہنی ہم آہنگی کو پیدا کرنے کی کوشش کی ہے۔ آپ جہاں نئی اور پرانی نسل کے درمیان فکر و نظر کے تصادم و تضاد کو پیش کرتے ہیں وہیں قدیم و جدید افکار و اقدار اور عصر حاضر کے رسم و رواج کی معنویت پر سوالیہ نشان بھی قائم کرتے ہیں۔ آپ کے ڈراموں کے پلاٹ میں

انسانی وجود کی بے ثباتی، درد و کرب کی ہولنا کیوں کے ساتھ ہی انسانی زندگی میں آئے دن پیش آنے والی روداد شامل ہیں۔ جس سے سماجی ومعاشرہ دن بہ دن زوال پذیری کی راہوں پر گامزن ہو رہا ہے اور اس زوال پذیری کا روح رواں وہ موجودہ دور کے انسان ہی کو ٹھہراتے ہیں۔ آپ نے انسان کے خارجیت سے زیادہ داخلیت پر زور صرف کیا اور ان عوامل کا سراغ لگانے کی کوشش کی جن کی بدولت آج ک انسان بے بسی اور لاچاری کی زندگی جینے پر مجبور ہوتا جا رہا ہے۔ اور ایسے کئی سوالات موجودہ دور کے انسان کے سامنے کھڑے ہیں کہ آخر کیوں اور کن وجوہات کی بنا پر عہد رواں کا انسان بے بسی کی زندگی جینے پر مجبور ہوتا جا رہا ہے۔ آپ نے اپنے ڈراموں میں ایسے کئی سوالات کے جواب تلاش کرنے کی کوشش کی ہے جن میں ڈراما ''مٹی کا بلاوا'' زندگی کی طرف پانچویں سمت اور چوراہا وغیرہ کو اہمیت حاصل ہے۔ کیونکہ آپ نے ان ڈراموں میں روایتی، زمین دار طبقہ کی تہذیبی وتمدنی اور معاشرتی، اخلاق واقدار کے ساتھ ہی جدید تعلیم یافتہ طبقے کی فکر و نظر کو بھی پیش کیا ہے۔ ان کے درمیان تصادم و تضاد کی نوعیت اور نتائج کو سنجیدہ فکر اور واضح شعور کے ساتھ سامنے لانے کی کامیاب و کامران کوشش کی ہے۔

شمیم حنفی نے اپنے ڈراموں کے ذریعے سے یہ دکھانے کی کوشش کی ہے کہ بزرگ جو اپنے ماضی سے نہ صرف محبت کرتے ہیں بلکہ اُسے اپنے سینے سے لگائے رکھتے ہیں، اُن کے برعکس نوجوان جن کا تعلق نئی نسل سے ہے ماضی پرستی سے نہ صرف انحراف کرتے ہیں بلکہ بغاوت پر آمادہ ہو جاتے ہیں۔ اسی لئے آپ کے ڈراموں کے پلاٹ میں ایک انوکھی کشمکش اور چشمک پائی جاتی ہے جسے روح عصر کا نام دیا جا سکتا ہے۔ آپ کے ڈراموں کے متعلق پروفیسر محمد حسن لکھتے ہیں:

''شمیم حنفی صاحب نے ڈرامے کو عصر حاضر کے مسائل سے ہم آہنگ کر کے اسے ایک ادبی دستاویز کا درجہ دیا۔'' (۲)

جہاں تک شمیم حنفی کے ڈراموں میں کردار نگاری کا تعلق ہے تو انھوں نے اپنے کرداروں کو آسمان کی بلندیوں سے نہیں اتارا بلکہ عام گوشت پوست کے کرداروں کو اپنی تخلیقات میں پیش کیا۔ جنھیں انھوں نے سماج کے نچلے اور متوسط طبقے سے لیا ہے اور انھیں ریڈیو ڈرامے کی فن اور تکنیک کے مطابق ڈھالنے کی کامیاب سعی کی ہے۔ آپ نے اکثر اپنے ڈراموں کے لئے ایسے کرداروں کا انتخاب کیا ہے جو اپنی انفرادی اور سماجی معنویت کے حامل نہ ہو۔ نیز یہ کہ ان کرداروں کی سماجی معنویت کے ساتھ ہی ساتھ وہ بھی بدلتے رہے ہیں اور اپنے ماضی کی طرف لوٹ آتے ہیں۔ مثلاً ڈراما ''مٹی کا بلاوا'' کا واحد کردار میر غیاث حسین جو اپنی اولاد، فرحت اور روحی کی خوشی کے لئے ہر پل ولمحہ تیار رہتا ہے اور ان کو ہر سہولیت فراہم کرتا ہے۔ وہ

زندگی میر غیاث حسین کے لئے کوفت و درد اور کسک کی زندگی سے کسی بھی طرح کم نہیں مگر اس کے باوجود بھی وہ فرحت اور روحی کا ساتھ دینے سے انکار نہیں کرتے۔ اور آخر میں ماضی کی یادوں میں خود کو مقید کر لیتے ہیں۔ اقتباس ملاحظہ ہو:

"میر صاحب (:افسردہ ہنسی کے ساتھ) اس میں تمہاری بھی کچھ غلطی نہیں بیٹے! تم ان لمحوں میں زندگی گزار رہے ہو جو میرے کمزور بازوؤں کی دسترس سے بہت دور ہیں۔ اور میں اب تک ان لمحوں کی گرفت میں ہوں جو شاید تمہارے نزدیک بیتے موسموں کا قصہ بن چکے ہیں۔"

جاوید: ابا جی جس لمحے کے زندانی ہیں وہ ہمارے لئے افسانہ ہے۔ ان کے لئے حقیقت، ہم جس ساعت کی سمت آنکھیں اٹھائے ہوئے ہیں وہ ان کے نزدیک واہمہ ہے۔ ہمارے لئے سچائی..........وہ کتنی اضطراب آسا ہے۔" (۳)

مختصر طور پر یہ کہا جاسکتا ہے کہ شمیم حنفی کی کردار نگاری کے فن کا ایک خاص جزو یہ ہے کہ ان کے کردار خواہ اپنے ذہنی تناؤ یا زندگی کے کسی موڑ پر کھڑے کیوں نہ ہوں وہ کسی بھی جمود کا شکار نہیں ہوتے۔ کردار نگاری کے اعتبار سے آپ کے ڈرامے نہ صرف اہم ہیں بلکہ قابل داد بھی ہیں۔ ہر کردار کی نہ صرف اپنی انفرادیت اور امتیازی شان ہے بلکہ آپ کی عرق ریزی، باریک بینی اور فن کارانہ بصیرت کے مظہر ہیں۔

ریڈیو ڈرامے کی روح مکالمے ہوتے ہیں۔ کوئی بھی ڈراما مکالموں کے بغیر مکمل نہیں ہوسکتا۔ ڈرامے میں مکالموں کے ذریعے واقعات کا انکشاف ہوتا ہے اور ڈرامے کا پلاٹ ارتقائی منازل طے کرتا ہے۔ مکالموں کے ہی ذریعے کردار کی شخصیت، سیرت واخلاق واضح ہوتے ہیں اور ان کو استحکام ملتا ہے۔ جہاں تک شمیم حنفی کے ڈراموں میں مکالموں کا تعلق ہے آپ کے انتخاب کردہ مکالمے بہت جاندار ہوتے ہیں۔ آپ نے اپنے کرداروں سے جو مکالمے ادا کروائے ہیں ان سے کرداروں کے چال چلن اور شخصیت وسیرت کے ساتھ ساتھ اُن کے نظریات وتصورات پر بھی روشنی پڑتی ہے۔ اس سے کردار کے خیالات وتصورات، جذبات واحساسات کو بخوبی سمجھا جاسکتا ہے۔ شمیم حنفی نے اپنے تخلیق کیے ہوئے کرداروں کے ذریعے سے علامتی انداز میں بہت سی باتیں واضح کی ہیں۔ یہ علامتی فضا ان کے مکالموں میں زیادہ سنائی دیتی ہے۔ جو فرحت (پانچویں سمت) نپولین (جزیروں سے آگے) الف (پانی پانی) جیسے کرداروں کے مکالموں میں اپنے پورے شباب پر نظر آتی ہے۔ اقتباس ملاحظہ ہو

فرحت: میں سوچ رہا تھا بچو بابا کہ پرانی چیزیں کھوئے بغیر نئی چیزیں ہاتھ نہیں آتیں۔ پیڑ کٹ گیا نا۔

الف: پتھر؟ سب پتھر! کل پتھر! آج پتھر! آج کل پتھر'' (۵)

نپولین ۔انسان طاقت کی زبان سمجھتا ہے لارنس طاقت جو لفظوں سے آگے ہے۔ لفظ تک اس حد کو نہیں پہنچنے۔ مجھے لگتا ہے سب کے سب سوچنے والے، تم اور وہ اور وہ اور وہ، سب ذہنی قبض میں مبتلا ہیں، تم بس ڈکاریں لیتے رہو، یہ بھی تو سوچو کہ ڈکار پیٹ کی خرابی کا اظہار ہے۔علاج نہیں۔'' (٦)

چونکہ ڈراما زندگی کا آئینہ ہے اس لئے کردار کے عمل اور اس کی ذات کی زیریں لہروں تک رسائی مکالموں کے ذریعے ہوتی ہے یعنی بھرپور کردار کا انحصار مکالمے پر ہے۔ ہر کردار کی زبان ہر کردار کی زبان سے ادا ہونے والے کرداروں کی شخصیت کو ناظرین کے سامنے روشن کردیتے ہیں اور یہی شمیم حنفی کے ڈراموں کی اہم خصوصیت ہے جو ان کے فن کی عظمت کی معراج ہیں۔

جہاں تک ریڈیو ڈرامے میں طوالت اور اختیار کا تعلق ہے تو ریڈیو ڈرامے میں کم سے کم واقعات کو پیش کیا جاتا ہے۔شمیم حنفی نے ریڈیو ڈرامے کے اس بنیادی عنصر کو ذہن میں رکھ کر ہی اپنے ڈراموں کی کہانیوں کو تخلیق و تشکیل کیا۔آپ اس بات سے بخوبی واقف ہیں کہ ریڈیو ڈراما میں سامعین کو فوراً اپنی طرف متوجہ کرنا مقصود ہوتا ہے۔اس لئے آپ اپنے ڈراموں میں کوئی ایسی بات یا مکالمہ جو ڈرامے کی طوالت کو مجروح کرتا ہو اس سے گریز کرتے ہیں اور اس میں آپ کامیاب بھی ہیں۔

ریڈیو ڈرامے میں تخیل، صوتی اثرات اور موسیقی، مکالموں کے بعد نمایاں رول ادا کرتے ہیں۔ چونکہ ریڈیو ڈراما سماعتی فن ہے یہاں تخیل صوتی اثرات اور موسیقی کی مدد سے ہی ڈراما کے ماحول، جذبات، مناظر اور پس منظر سے مکالموں میں جان ڈالی جاتی ہے۔ان ہی کی مدد سے دوری نزدیکی، بلندی پستی، ریگستان اور ویران جگہوں وغیرہ کا پتہ چلتا ہے انہی کی بدولت نہ صرف قول و فعل بلکہ نکات و سکنات کی نشاندہی ہوتی ہے۔شمیم حنفی نے ان ہی اثرات کا سہارا لے کر کرداروں کے خدوخال، جذبات و احساسات، غم و الم، خوشی و شادمانی کے جذبات کو نمایاں کیا ہے۔اقتباس ملاحظہ ہو:

سجدہ بیگم۔(کانپتے ہوئے لہجے میں) بات کیا......؟ وہ جاگ گئے...... جاگ گئے وہ ابھی مشتاق کو آواز دے رہے تھے...... جاگ گئے وہ...... جاگ گئے۔اللہ اب کیا ہوگا؟

(کھانسی کا دورہ پڑ جاتا ہے) فیڈ آؤٹ

فیڈ ان (رات کا سناٹا۔دور کتوں کے بھونکنے کا شور، دو بجتے ہیں۔)

دادی اماں دھیرے دھیرے کراہ رہی ہیں۔پھر اٹھ بیٹھتی ہیں۔اچانک سانس کی

رفتار تیز ہو جاتی ہے۔

مجیب میاں (چونک کر) اماں......اماں؟

دادی اماں...... کراہتے ہوئے۔ ہاں بیٹے۔ (ہانپنے لگتی ہے) (۲)

اس اقتباس سے یہ عیاں ہو جاتا ہے کہ پہلا منظر ختم ہو چکا ہے اور دوسرا شروع ہونے جا رہا ہے۔اس لئے شمیم حنفی نے نیا منظر شروع کرنے کے لئے رات کے سناٹوں کا سہارا لیا ہے اور رات کے ٹھیک دو بجتے ہیں تو کتوں کا بھونکنا فطری امر ہے۔موسیقی کے زیر و بم کا سہارا لے کر اپنے کرداروں کے جذبات واحساسات اور خدوخال نمایاں طور پر سننے والوں کے سامنے ابھارتے ہیں۔اس تکنیک کا بھرپور استعمال کر کے انھوں نے اپنے ڈراموں کی فنی قدر و قیمت کو ابھارا ہے۔

جہاں تک شمیم حنفی کے ڈراموں میں زبان واسلوب کا تعلق ہے تو انھوں نے نہ صرف روایتی زبان استعمال کی ہے بلکہ تخلیقی زبان کا سہارا لے کر اپنے ڈراموں کا مستقبل درخشاں بنا دیا۔اپ نے مقفع و مسجع عبارت آرائی سے گریز کرتے ہوئے سادہ، مستقبل اور عام فہم زبان سے اپنے ڈراموں کو آراستہ کیا۔اقتباس ملاحظہ ہو۔

غفور۔آدھر کئی چھٹی آئی

حکیم صاحب۔آئی تھی

غفور۔آپ نے مجھے بتایا نہیں

حکیم صاحب۔(بے دھیانی سے) بھول گیا ہوں گا بھائی

غفور۔میرے بارے میں کچھ لکھا ہے حکم جی؟

حکیم صاحب۔ہاں

غفور۔ملکن اور میزہ بی بی اور جاوید تو ٹھیک ہیں نا؟

حکیم صاحب۔ہاں (دھیرے سے) سب ٹھیک ہے

غفور۔(حیرت سے) پندرہ سو

حکیم صاحب۔ہاں

غفور۔اتنے میں تو انسان سونے کی دیوار کھڑی کرے! ہے نا حکیم صاحب'' (۸)

شمیم حنفی نے اپنے کرداروں کو اسی معاشرے کی زبان عطا کی ہے جس معاشرے میں رہ کر وہ زندگی کے تمام نشیب وفراز اوران سے ہم کنار وہم آہنگ ہو کر زندگی بسر کرتے ہیں۔مختصر طور پر یہ کہا جا سکتا ہے کہ شمیم حنفی نے کرداروں کو ایک عجیب ورانوکھے زبان وآہنگ اور جس جدید اسلوب سے آراستہ کیا وہ عام

وفہم، سلیس اور رواں ہے۔البتہ علامتی اور تجریدی عناصر زیادہ نمایاں ہے۔ ہر بات کو ذو معنوں میں تحریر کیا ہے۔ یہ نجی وصف فنکار کی زبان واسلوب کو نہ صرف نکھارتا ہے بلکہ آپ کی شخصیت کے کئی پہلوؤں کو نمایاں اور روشن بھی کرتا ہے۔ جو آپ کے ڈراموں کی زبان واسلوب کے روشن مستقبل کا مظہر ہے۔

آپ کے ڈراموں کا فنی اور تکنیکی اعتبار سے جائزہ لینے کے بعد مختصر طور پر یہ کہا جاسکتا ہے کہ آپ نے اپنے ڈراموں کا مواد دور رواں کے واقعات وحالات سے اخذ کیا اور انھیں کو پیش نظر رکھ کر ڈرامے تخلیق کیے۔اور عصری تقاضوں کے مطابق واقعاتی اور تاثراتی ارتقا کے تمام اصولوں کو برتنے کی کامیاب کوشش کی اور ہر واقعہ بڑے مربوط، مسلسل اور دلکش انداز میں پیش کیا۔ پروفیسر مغنی لکھتے ہیں۔

"اردو میں ڈراما کی صنف کو زندہ رکھنے اور ترقی دینے میں شمیم حنفی کا گراں قدر حصہ رہا ہے۔ڈرامے کے فن پر انھیں پوری دسترس حاصل ہے۔انھوں نے زیادہ تر ریڈیائی ڈرامے لکھے جو نشر کیے جاچکے ہیں۔"(۹)

حواشی

۱۔ بحوالہ ریڈیو نشریات، تاریخ اصناف اور پیشکش/ از پرشادات، ص ۲۸۰

۲۔ رسالہ ایوان اردو۔اردو............سمنار نمبر، اپریل ۱۹۹۶ء، ص ۱۰

۳۔ شمیم حنفی۔مٹی کا بلاوا۔ص ۲۴، ۳۹، ۴۰

۴۔ پانچویں سمت، ص ۹

۵۔ پانی پانی۔ص ۱۲۳

۶۔ جزیروں سے آگے۔ص ۱۱۶

۷۔ زندگی کی طرف، شمیم حنفی، ص ۴۳

۸۔ مٹی کا بلاوا، شمیم حنفی۔ص ۲۹۔۳۰

۹۔ ماہنامہ سب رس، حیدر آباد، جلد ۶، شمارہ ۹، ستمبر ۱۹۹۸

◄● ►

● **ڈاکٹر انور ایرج**

اجتہادی لہجے کا شاعر...... وہاب دانشؔ

وہاب دانشؔ ۱۱؍جنوری 1930ء کو رانچی میں پیدا ہوئے۔ گاسنر کالج، رانچی میں صدر شعبۂ اردو کے عہدے پر فائز رہے اور وہیں سے 31؍جنوری 1992ء کو سبکدوش ہوئے۔ انکا ایک نظموں کا مجموعہ ''لب مماس'' کے نام سے 1999ء میں جناب جابر حسین نے اردو مرکز عظیم آباد، پٹنہ سے شائع کیا۔ دوسرا مجموعہ ''ریت پہ دوڑتے قدم'' ڈاکٹر محمد طلحہ ندوی نے ترتیب دیا ساتھ ہی اپنا پی، ایچ۔ ڈی کا مقالہ بھی بعنوان ''وہاب دانش...... حیات اور شاعری'' انعم پبلی کیشنز، رانچی سے شائع کیا۔

جدید شعراء کے اوّل صف میں وہاب دانش کا شمار ہوتا ہے۔ 1960ء کے بعد جدید رجحان کے حوالے سے اجتہادی لہجے کے کئی اہم شاعر جن میں باقیؔ، ظفر اقبالؔ، میراں جیؔ، عادل منصوریؔ، نشتر خانقاہی، محمود ایاز اور وہاب دانش وغیرہم کے نام قابل ذکر ہیں، جو اپنے انفرادی لہجے کی وجہ سے اپنی ایک شناخت قائم کرنے میں کامیاب ہوئے۔ وہاب دانش بھی اپنے اجتہادی لہجہ اور منفرد اسلوب کی وجہ سے دور سے ہی پہچان لئے جاتے ہیں۔ انکا لہجہ روایتی لہجے سے بالکل مختلف ہے۔

اگر آپ انکی شاعری کا اسلوبیاتی یا موضوعاتی جائزہ لیں تو یہ ضرور محسوس کریں گے کہ وہ نئی معنویت اور نئے تلازمے کے ساتھ الفاظ کو برتنے کا ہنر خوب جانتے ہیں۔ انکی شاعری میں تصورات و تخیلات کی ایک ایسی دنیا آباد ہے، جس کے افق پر تشبیہات و استعارات، تلمیحات و کنایات یہ سب کے سب روشن ستاروں کی مانند جھلملاتے ہوئے نظر آئیں گے۔

وہاب دانشؔ رموز و علائم کا ایک ایسا طلسم اپنی شاعری میں قائم کرتے ہوئے نظر آتے ہیں جسے آپ کسی منطقی توضیحات یا محض شعوری استدلال سے نہیں توڑ سکتے۔ دانشؔ کی شعری کائنات میں صرف تجربات و مشاہدات یا افکار و خیالات کے ساتھ داخل ہونا کافی نہیں بلکہ ایک وجدانی والہامی کیف و سرور کا ہونا بھی ضروری ہے، تبھی آپ اس وسیع کائنات کے رموز سے واقف ہوسکیں گے۔

جدّت پسندی موصوف کی سب سے بڑی خصوصیت ہے، ظاہر ہے اس خصوصیت کے پیچھے انکا

اجتہادی اوراختراعی لہجہ ہی کارفرما نظر آئے گا۔ شاید اسی وجہ سے وہ ایک مشکل پسند شاعر کی حیثیت سے ہمارے سامنے آتے ہیں۔ سچی بات تو یہ ہے کہ انکے یہاں جو شعری پختگی وبالیدگی ہے وہ انہیں تخصیصیت بخش دیتی ہے' ترسیل وابلاغ کی خوبیوں سے وہ شعوری اجتناب نہیں برتتے اور نہ ہی عام جدید شعراء کی طرح (بک رہا ہوں جنوں میں کیا کیا کچھ) جدید بننے کے چکر میں بکرا سے زور لگواتے ہیں اور نہ ہی بکری سے میں میں کرواتے ہیں' بلکہ اپنے موضوعات ومطالب کو اپنے انوکھے انداز میں قاری تک پہنچانے کی سعی کرتے ہیں۔ شعروادب کے سنجیدہ قارئین ایسے ڈکشن اور اسلوب کو نہ صرف پسند کرتے ہیں بلکہ فکروفن کی تہہ میں اتر کر اسکے مفہوم و مطالب کی تلاش میں غوطہ زنی بھی کرتے ہیں اور محسوسات کی ایک نئی دنیا سے روشناس بھی ہوتے ہیں۔

یوں تو وہاب دانش کو نظموں اور غزلوں پر یکساں عبور حاصل ہے اور دونوں صنف میں انکا اجتہادی اور اختراعی لہجہ اپنے انداز اور انفراد کے ساتھ سامنے آتا ہے، مگر نظموں میں انکا یہ اسلوب کچھ زیادہ نکھر کر سامنے آتا ہے۔ انکی طبعیت کی جولانی اور خیال کی فراوانی انکی جدت پسندی کو یہاں کچھ زیادہ رعنائی بخشتی ہوئی نظر آتی ہے۔

یہاں ایک بات واضح کرتا چلوں کہ وہاب دانش خود کو کسی رجحان یا تحریک سے کبھی منسلک نہیں کئے اور نہ ہی آنکھ بند کر کے اس ریوڑ میں شامل ہوئے' جس میں شامل ہو جانا باعثِ افتخار سمجھا جاتا تھا۔ حق گوئی اور بے باکی کی وجہ سے وہ نہ صرف ادبی حلقوں میں مشہور تھے بلکہ سماجی حلقوں میں بھی انکی یہی شناخت قائم تھی۔ جو لوگ انہیں جدیدیت کے کھوٹے سے باندھ کر رکھنا چاہتے ہیں' انہیں موصوف کے مزاج کو سمجھنے کے لئے ماہنامہ 'تحریک' دہلی دسمبر 1976ء کا وہ شمارہ ضرور دیکھنا چاہئیے جس میں جدید رجحان کے حوالے سے مخمور سعیدی اور گوپال متل وغیرہ نے ایک سوالنامہ تیار کیا تھا اور ادب کے سنجیدہ قارئین سے شرکت کی گزارش کی تھی، اس وقت وہاب دانش کا جس طرح بے باک اور دوٹک جواب سامنے آیا تھا' وہ میری بات کی صداقت کے لئے کافی ہے۔ وہ ادب کے نام پر کسی طرح کا بٹوارہ قبول کرنے کو ہرگز تیار نہیں تھے۔ اتنی بات وہ اچھی طرح جانتے تھے کہ جو آج جدید ہے' وہ کل قدیم ہو جائے گا' تو پھر جدید اور قدیم کا روگ کیوں پالا جائے۔ دونوں کی اہمیت وافادیت مسلم ہے۔ وہ اس بات کو بھی بخوبی سمجھ رہے تھے کی کوئی بھی رجحان یا تحریک بیس پچیس سال میں دم بخود ہو جائے گی اسلئے اپنی تخلیق کے لئے انہوں نے ایک الگ راہ کا انتخاب کیا یہی وجہ ہے کہ انکی شاعری کسی بندھے ٹکے اصول کے تحت معرضِ وجود میں نہیں آئی لہذا' آپ انکی شاعری کو کسی دائرے یا حصار میں قید نہیں کر سکتے۔ مزید گفتگو سے بہتر ہے کہ یہ اشعار دیکھ لیں جو تمام حدود قیود کو توڑتے ہوئے نئے آسمانوں کی تلاش میں ہیں۔

نئی پسند نئی روشنی کی چاہ مری
کہیں ٹھہر نہ سکی جدت نگاہ مری
اڑان میری نئے آسمانوں کی کھوج میں ہے
بساط اپنی تگ و دو ہے بے پناہ مری

وہاب دانش کی نظموں اور غزلوں کے تجزیئے ومطالعے کے لئے الگ الگ ضخیم مقالہ درکار ہے۔ میں حتی الامکان کوشش کروں گا کہ نہایت اختصار کے ساتھ اس وقت صرف نظموں کو حیطۂ تحریر میں لاؤں اور چند اہم نکات کی طرف اشارہ کرتے ہوئے انکی تخلیق کی روشنی میں فکروفن کا ایک عمومی جائزہ پیش کروں؛ جس سے انکا اجتہادی لہجہ بھی سامنے آجائے اور انکے تجربات ومشاہدات میں ڈھلنے والی تخلیق کا کچھ سرا بھی ہاتھ لگ جائے؛ تاکہ انکے موضوعات وافکار کو مزید بہتر ڈھنگ سے سمجھا جا سکے۔ دانش کی شاعری کا مطالعہ یا جائزہ کسی تنقیدی اصول کے تحت پیش کرنا کوئی منصفانہ عمل نہیں ہوگا۔ لہذا انکی شاعری کا مطالعہ فکروفن کی کسوٹی پر تخلیق کے حوالے سے ہی سامنے آئے تبھی ایک صحت مند تجزیہ بھی سامنے آسکے گا۔

طوالت کے خوف سے میں انکی تین چھوٹی چھوٹی نظموں پر ہی اکتفا کروں گا۔ پہلی نظم ''صراط پر'' ملاحظہ فرمائیں۔

ترا نام شہد سے لکھ کے میں/ کبھی مور/ مورو مگس بنوں/ کبھی پر/ شفالی سی بوند سے کبھی لب/ خوشی سے میں رنگ لوں/ کبھی رقص بن کے ادا ادا/ کبھی سر/ سرودِ ہوا بنوں/ ترا نام شہد سے لکھ کے میں/ کبھی آب دیکھوں/ لہولہو/ کبھی خواب دیکھوں کہ رنگ و بو/ کبھی ریت' ریت/ صراط پر/ کبھی دجلہ دجلہ/ فرات پر/ کبھی شمر شاہی سراب پر/ کبھی تیر پہرہ تھا آب پر/ ترے ہونٹ دیکھوں کی آئینہ/ ترا رخ مبین اَنا اَنا/ مگرائے شہید شمائلی/ تری آبرو تھی علی علی/ تو ہی/ نیزہ نیزہ بلند تھا/ ترا سر تو خضرا پسند تھا/ جو جھکا تو خاک تھی مرمریں/ جو کٹا ریت تو تھی احمریں/ تو ی مصطفیٰ تو ی مصطفیٰ/ ترا نام شہد سے لکھ کے میں/ کبھی آب دیکھوں/ لہولہو/ کہ سراب دیکھوں/ عدو عدو

اس نظم میں جو ہنر مندی اور سلیقہ مندی ہے وہ پہلی نظر میں ہی سامنے آجاتی ہے کیا اس تخلیق میں بیک وقت نظم' نعت' منقبت' اور مرثیہ کی چاشنی نہیں؟ آپ اسے کس زمرے میں رکھیں گے؟ ایک ایک لفظ شہد میں ڈوبا ہوا ہے' ایک ایک رکن میں روانی ہے۔ تلمیحات وتشبیہات کی ایسی آرائش' لفظوں کی ایسی نشست و زیبائش' استعاراتی ایمائیت کے ساتھ حرف حرف میں غنائیت، ابتداء تا انتہا ایسا اسلوبیاتی نظام، فکر کے ساتھ فن کا ایسا التزام' بہت کم شعراء کے یہاں دیکھنے کو ملتا ہے۔ پوری نظم میں اجتہاد واختراع کا پہلو نمایاں ہے۔ اس

نظم میں ایک ایسا تخلیقی روّیہ سامنے آتا ہے جہاں ہم ایک ایسی وجدانی کیف و سرور کی منزل پر پہنچ جاتے ہیں' کہ بس دیوانگی کے عالم میں آدمی دیر تلک سر دھنتا رہ جاتا ہے۔اس کے فنی وفکری طلسم کو کسی توضیح وتشریح سے توڑا نہیں جاسکتا' یہاں فنی محاسن کی دل آویزی اور تخلیقی وفور کی کارفرمائی بس محسوس کی جاسکتی ہے۔

دوسری نظم ''رسائی'' دیکھیں :

خدا/ میں نے تمہارے واسطے/ مسجد بنائی موم کی/ مندر اٹھایا اوم کا/ گرجا سجایا/ مریمِ مسیح کا/ ہر گوشۂ زمیں میں/ فصل بوئی/ ترے اجالے کی/ چاند اگائے ترے نبیوں کے/ ستارے سنوارے/ تری کالی سیاہ کی رات کی مانگ پر/ خدا میں نے تمہارے واسطے/ زمیں پہ کہیں/ پل صراط نہیں ابھارا/ پیدل یا کسی سواری/ گزرنے کی راہ ہموار نہ کی/ یہاں سے گزرنے کے لئے/ لیکن ترا علاقہ/ دل کی رسائی تک/ مسجد کی اس گلی سے/ مندر کی اس گلی تک/ سارے جہاں میں اچھا ہے آسماں ہمارا/ ہے چاند ہر گلی میں آنگن میں ہے ستارا/ سارا ترا علاقہ/ سارا ترا جزیرہ

اس نظم کے حوالے سے ڈاکٹر طلحہ ندوی کے کچھ اعتراضات سامنے آئے ہیں' نہایت اختصار کے ساتھ اس سلسلے میں چند باتیں عرض کرتا چلوں۔کسی بھی تخلیق کو سمجھنے کے لئے' ضروری ہے کہ تخلیق کار' خیال کے جس بلند وبالا مقام پر کھڑا ہو کر شاعری کر رہا ہے' اس مقام تک رسائی ضروری ہے۔تخلیق کار چند مصرعوں میں ''بہت کچھ '' کہہ جاتا ہے مگر ''سب کچھ'' نہیں کہتا' ایک خلاء اور گیپ اپنے مصرعوں کے درمیان یا خیال کے درمیان ضرور رکھتا ہے' اس خیال کو پاٹے بغیر ہم تخلیق کی روح تک رسائی حاصل نہیں کرسکتے۔لفظوں اور مصرعوں کو جوڑ کر یوں تو کوئی نہ کوئی معنیٰ تو نکالا ہی جاسکتا ہے' مگر ایسے نکالے گئے مفہوم ومعنیٰ اکثر دھوکا دے جاتے ہیں۔

ڈاکٹر محمد طلحہ ندوی بھی اس نظم کی تخلیقیت اور اسکی گہرائی کو سمجھنے میں کچھ دھوکا کھا گئے۔اپنی کتاب '' وہاب دانش حیات وشاعری'' کے صفحہ 158 پر رقمطراز ہیں۔

''وہاب دانش اپنی نظموں میں کئی جگہوں پر مذہبی افکار اور اسکی پیش کش میں لغزش کے بھی شکار ہوئے ہیں مثلاً ان کے یہاں گرجا، مندر مسجد اور ناقوس واذاں سب اس طرح سامنے آتے ہیں کہ حق و باطل کے درمیان امتیاز باقی نہیں رہتا بلکہ ''سرودھرم سمان'' اور وحدت ادیان' کا تصور پیدا ہوتا ہے۔''

صفحہ 160 پر یوں معترض ہیں۔

''وہاب دانش شعوری یا لاشعوری طور پر وحدت ادیان کے نقیب دکھائی دے رہے ہیں۔اہل ادب یہاں پر یہ اعتراض کریں گے کہ شعر وسخن میں فن سے گفتگو کی جاتی ہے نا کہ موضوع سے۔میرے خیال میں یہ بھی فنی گمراہی ہے کیونکہ فن اسی وقت اپنا جادو جگاتا ہے' جب صحیح موضوع خواہ حقیقی ہو خیالی ایسے لبادے

میں ہمارے سامنے آئے کہ ذہین و دماغ کے ساتھ ساتھ جذبات و احساسات کو بھی دستک دیتا ہو نہ کہ انقباض پیدا کرتا ہو، بہر کیف نظم کا اکثر حصہ فکری اعتبار سے ملحدانہ ہے۔'' (بحوالہ ''وہاب دانش حیات و شاعری'' ڈاکٹر محمد طلحہ ندوی صفحہ 160,158)

طوالت سے بچتے ہوئے بس دو مختصر اقتباس درج کر رہا ہوں حالانکہ اسکے آگے بھی انہوں نے بہت کچھ لکھا ہے، مجھے ایسا لگتا ہے کہ شاید وہ نظم کی روح تک پہنچ ہی نہیں پائے۔ انکا یہ کہنا بھی غلط ہے کہ اہل ادب شعر و سخن میں صرف فن سے گفتگو کرتے ہیں' ایسا بالکل نہیں ہے۔ ڈاکٹر طلحہ ندوی بہت ذہین اسکالر ہیں انہوں نے جس محنت اور جگر سوزی سے اپنا مقالہ پیش کیا ہے' اسکی جتنی تعریف کی جائے کم ہے، مگر اس نظم میں وہاب دانش سے نہیں بلکہ ان سے تھوڑی لغزش ہوگئی ہے۔

پوری نظم میں خدا کی وحدانیت کا بہترین اظہار موجود ہے۔ فکر کے اعتبار سے نظم کا کون سا حصہ ملحدانہ ہے؟ مندر، مسجد، گرجا یہ سب مختلف مذاہب کی عبادت گاہیں ہیں' جہاں سب اپنے اپنے عقائد کے اعتبار سے اپنی عبادت کرتے ہیں۔ نظم کا عنوان ''رسائی'' کیوں ہے؟ نظم کا ابتدائی لفظ ''خدا'' کیوں ہے؟ عبادت کی رسائی کہاں ہو رہی ہے؟ سب اپنے اپنے طریقے سے اپنے معبود کی ہی پرستش کرتے ہیں۔ مندر، مسجد اور گرجا کے عبادت گزاروں کا منشاء کیا ہے۔ کس کے علاقے کی رسائی دل تک ہے؟ کس کی رسائی مسجد کی اس گلی سے، مندر کی اس گلی تک ہے؟ پل صراط کے کیا صرف وہی معنی لئے جائیں گے، کیا اس نظم میں تخلیق کار کا یہ اعتراف سامنے نہیں آتا کہ آپ تک پہنچنے کے لئے جو پل صراط اور راستے ہموار کرنے تھے وہ ہم سے نہیں ہو سکا اور آخری کے تین مصرعے پر غور کریں' سارے جہاں میں اچھا ہے آسماں ہمارا آخر اس مصرعے کا یہاں جواز کیا ہے؟ آسمان کو دین سے تعبیر کریں تو سرو دھرم سمان کے ساتھ دیں کی فوقیت بھی واضح ہو جاتی ہے اور' سرو دھرم سمان' غلط تو نہیں ہے، ہمارا مذہب تو اسکی تعلیم دیتا ہے۔ آخری مصرع سارا ترا اعلاقہ/ سارا ترا جزیرہ، سوال اٹھتا ہے کس کا علاقہ، کس کا جزیرہ؟ یہاں تخلیق کار کی ہنرمندی دیکھئے کی حرف آخر کا تعلق حرفِ اوّل 'خدا' سے جوڑ دیا اور ایک خدا کی وحدانیت کا نہاہت خوبصورتی کے ساتھ اعلان کر دیا۔

خاکسار اس ناقص عقل سے نظم کا مفہوم تو یہی سمجھتا ہے، ممکن ہے کوئی صاحبِ نظر اس سے بھی بہتر مفہوم پیش کر دے سب کا اپنا نظریہ ہے اچھی تخلیق کی پہچان بھی یہی کہ ہر کوئی اپنی بصیرت اور فہم و ادراک سے ہی اسکی تشریح و توضیح پیش کرے گا۔

تیسری نظم ''بلائے زمینی'' ''لب مماس'' کی پہلی نظم ہے اسے بھی دیکھتے چلیں۔

خدایا/ تری آسمانی ادا/ موم بنتے میں دیکھوں/ کبھی ایسا ہو کہ/ بلندی سے پستی کے در پہ/ ترے پانو

کی چاپ/ چپ چپ سنوں/ تو پلکوں سے چوموں/ ترے سبز ہاتھوں پہ لب رکھ کے/ آنکھوں سے بولوں کہ/ اندر چلو/ دھوپ دھول سے/ پھول تلوے لہک جائیں گے/ مخملی دودھیا رنگ پک جائیں گے/......اور تو مجھ سے پوچھے کہ/ کیا حال ہے؟/......کوئی دکھ/ رنج' صدمہ' مصیبت/ بلائے زمینی/ الم آسمانی/...... اور میں/ ہنس کے بس تجھ سے اتنا کہوں/......صابریں/......مع الصابریں۔

عموماً لوگ اپنے مجموعہ کے اوّل صفحہ پر 'حمد' پھر 'نعت' پیش کرتے ہیں 'لب مماس' کے دوسرے صفحہ پر نظم ''صراط پر'' موجود ہے۔ 'صراط پر' کا مطالعہ آپ کر چکے ہیں' جس پر مختصر بحث بھی ہو چکی ہے۔ حمد یا نعت کا یہ روپ کہاں نظر آتا ہے؟ انکا اجتہادی اور اختراعی لہجہ پہلے صفحے سے ہی شروع ہو جاتا ہے اور آخری صفحے تک جاری وساری رہتا ہے۔

بہرحال اس حمد نما نظم کا عنوان 'بلائے زمینی' ہے 'بلائے آسمانی' نہیں۔ عنوان سے ہی ظاہر ہے کہ اس زمین میں جو کرب و بلا اور فسق و فجور ہے' جو انتشار و تشدد ہے' جو منافرت و منافقت ہے یا جو بے چہرگی اور بے یقینی ہے یہ سب انسانی اعمال واحوال کے نتیجے کے طور پر سامنے آتی ہیں' جبکہ نظم میں اسکا ذکر کہیں بھی نہیں مگر شاعر انہیں وجوہات سے بہت ہراساں اور رنجیدہ ہے اور خدا سے ملتجیانہ لہجے میں اسکی ادا کو موم بنتے دیکھنا چاہتا ہے اور اپنے خدا کو آسمان سے زمین پر بلانا چاہتا ہے۔ پوری نظم میں ایک عجیب معصومانہ کیفیت موجود ہے۔ نور کو مجسم کر کے اسکے پاؤں کی چاپ سننا چاہتا ہے' پلکوں کو چومنا اور سبز ہاتھوں پہ لب رکھنا چاہتا ہے' اسکے پھول سے تلوے کو لہکنے سے بچانا چاہتا ہے اور یہ تمنا کرتا ہے کہ وہ مجھ سے پوچھے کہ کوئی دکھ' رنج' صدمہ' بلائے زمینی' الم آسمانی اور میں ہنس کے بولوں کہ صابریں۔ مع الصابریں۔ بہت دکھ اور رنج ہونے کے بعد بھی کچھ نہ کہنا' صبر کرنا اور صبر والوں کے ساتھ اللہ کا ہونا کافی ہے' استعاروں اور اشاروں کے ذریعہ اس احساس کا پیدا کرا دینا فنکاری نہیں تو کیا ہے؟

نظم میں جس قسم کی پیکر تراشی ہوئی ہے اور جو اجتہادی انداز سامنے آتا ہے' وہ خدا سے والہانہ محبت اور قربت کو ظاہر کرتا ہے۔

وہاب دانش کی شاعری کا کینوس بہت وسیع ہے جسے کسی دائرے میں محصور نہیں جا سکتا۔ انکی نظموں میں خدا سے مولویانہ تعلق نہیں بلکہ ایک والہانہ اور دوستانہ تعلق سامنے آتا ہے' اور یہ رنگ بیشتر نظم میں موجود ہے' جہاں بھی وہ خدا سے مخاطب نظر آتے ہیں۔ شروع میں جیسا کہ میں نے اصرار کیا ہے کہ دانش ایک مشکل پسند شاعر ہیں' کچھ فلسفیانہ انداز بھی انکے مزاج میں رچا بسا ہے۔ سہل پسندی انکے مزاج کا حصّہ نہیں۔ بعض نظمیں آسانی سے پلّے نہیں پڑتیں۔ ذہنی مشقت کے بنا نظم کی روح تک ہم نہیں پہنچ سکتے' کیونکہ یہ نظمیں کیف وسرور

اور سمت ولاسمت خیال کی بلند پروازی سے تخلیق ہوئیں ہیں' لہذا اسکی تشریح وتوضیح بھی عام نظموں کی طرح پیش نہیں کی جا سکتی۔ کہیں کہیں خیال کے بکھراؤ کی وجہ سے افراط وتفریط کے شکار بھی ہوئے ہیں۔ میں اس بات سے انکار بھی نہیں کرتا کہ 'لب مماس' کی کئی ایسی نظمیں ہیں جہاں ترسیل کا مسئلہ سامنے آتا ہے' اور یہ مسئلہ بھی انکے اجتہادی واختراعی طبعیت کی وجہ سے ہی سامنے آتا ہے' ایسا مجھے محسوس ہوتا ہے۔

دانش اسلامی تواریخ کا گہرا شعور رکھتے ہیں یہی وجہ ہے کہ انکے یہاں اصطلاحات وتلمیحات کا ایک مضبوط ومربوط رشتہ مذہبی واقعات سے قائم نظر آتا ہے۔ لفظیات کی بات کریں تو انوکھے اور غیر مستعمل الفاظ بھی اس خوبصورتی کے ساتھ سامنے آتے ہیں کہ آپ رشک کرنے لگیں۔ وہ مانوس وغیر مانوس لفظ کو استعارہ وعلامت کی صورت میں اس طرح پیش کرتے ہیں کہ اسکی معنویت میں بلا کی تہہ داری پیدا ہو جاتی ہے۔ شاعری میں برتے گئے کچھ الفاظ بطور نمونہ درج کر رہا ہوں جو لغتی معنی سے الگ اپنی استعاراتی اور تلمیحاتی معنویت کے ساتھ تخلیق کا حصہ بنے ہیں۔ لب مماس کے مطالعے سے ہی آپ اسکے فنی وفکری محاسن کو بہتر ڈھنگ سے سمجھ سکیں گے۔ اس طرح کے الفاظ دانش کے یہاں کثرت سے استعمال ہوئے ہیں مثلاً۔ لب' صحرا' ریت' دجلہ' فرات' صراط' خضر' سراب' لہو' صلیب' رسائی جزیرہ' انا' شفالی' برگ صفا' تلخخہ' لہلہا' لمس' آئینہ' سایہ' نیلگوں' تشنگی' شب بہ شب' لاوہب' پارسہ لب' سفالگی' تہہ نشیں' پارہ پارہ' کشتی' بادباں' آگ' الاؤ' گپ طوفاں' سمت' لاسمت' قدم قدم' ریزہ ریز' لامتن' لاساخت' صدا' گزید' نقطہ' نطفہ' شعلہ' شعلم' گھاس' اگاس' رف رف' نوری نوری وغیرہ اس طرح کے سینکڑوں الفاظ انکے مجموعے میں آپ تلاش کر سکتے ہیں۔ لفظوں کے تکرار سے وہ ایک آہنگ اور غنائیت آزاد نظموں میں بھی پیدا کر دیتے ہیں یہ انکی مشاقی کا بین ثبوت ہے۔

المختصر یہ کہ وہاب دانش نہایت موثر تخلیقی زبان کے بہت اہم شاعر ہیں' جو بے اعتنائی کے شکار رہے۔ انکی تخلیق' تخلیقی فنکاروں کے لئے مشعل راہ ثابت ہوسکتی ہے۔ لہذا' ادب کے سنجیدہ قارئین کو انکی شاعری کا مطالعہ ضرور کرنا چاہئے۔

● ڈاکٹر ارشد اقبال

اسرار گاندھی کا تخلیقی اِرتفاع

زبان کو دوام بخشنے کے لیے کسی بھی معاشرے کا ادب، کلیدی حیثیت رکھتا ہے، چونکہ اس کے اثرات مجموعی معاشرے پر مرتب ہوتے ہیں، اِردگرد کا ماحول، ادب پر گہرا تاثر چھوڑتا ہے، اس لیے دونوں ایک دوسرے کے لیے لازم ملزوم کی حیثیت اختیار کر لیتے ہیں۔ یہی وہ مقام ہے جہاں ایک حساس نوکِ قلم حرکت میں آتی ہے اور ادب تخلیق ہوتا ہے۔

اَدیب معاشرے کا وہ اہم اور حساس فرد ہے جو اپنے اِردگرد پیش آنے والے حالات وواقعات کی جانچ پرکھ کر کے صفحہ قرطاس پر نا صرف بکھیرتا ہے، بلکہ اپنی زبان کو ایک نئی جہت سے متعارف بھی کراتا ہے۔ کہانیوں میں حقیقت کا رنگ بھر کر اپنے معاشرے کو ایک نیا روپ دے کر زبان کے تحفظ میں برسرِ پیکار نظر آتا ہے۔

فنون لطیفہ میں افسانہ طرازی ایک ایسی صنف ہے جس نے بیک وقت قاری اور مصنف دونوں پر گہرے اثرات مرتب کیے، داستان اور ناول کے برعکس افسانہ جدید تقاضوں کو پورا کرتا ہوا آگے بڑھا اور وقت کو مٹھی میں مضبوطی سے تھامے، قاری کی دہلیز پر دستک دینے کے لیے نکل کھڑا ہوا، اُسے داستان یا ناول کی بدلی ہوئی مختصر صورت سے بھی مربوط کیا جا سکتا ہے، کیونکہ دورِ حاضر کے انسان کو تیزی سے بدلتے ہوئے زمانے کے قدم سے قدم ملا کر چلنا پڑ رہا ہے۔ اس مشینی دور کی تھکا دینے والی زندگی میں اِسے اتنا وقت میسّر نہیں کہ بھرپور فرصت کے لمحات نصیب ہوں اور وزنی کتب کا مطالعہ کر کے جذباتی تسکین و ذہنی آسودگی کا سامان مہیا کر سکے، چنانچہ وقت کی قلت کا یہ احساس افسانہ کی طرف متوجہ ہونے کی ایک اہم وجہ بھی بنا...!!

جب ۱۹۷۵ء اور ۱۹۸۰ء کے درمیان جدیدیت کا رجحان کمزور پڑنے لگا تو بہت سے افسانہ طرازوں کے نظریات و رجحانات میں نمایاں تبدیلی نہایت شدت سے محسوس کی گئی، انھوں نے فرد اور سماج دونوں پر خاطر خواہ توجہ دی، زندگی کے بے شمار مسائل کو اپنی تخلیقات کا موضوع بنایا۔ اب ان کے نزدیک بڑھتی انسانی آبادی کا پھیلاؤ، بے روزگاری، ماحولیاتی کثافت، اقلیتی طبقہ کے تئیں حکومت کے معاندانہ رویے، اعلیٰ سطح پر رشوت ستانی، کالا بازاری، انتظامیہ کی بے بسی، لاقانونیت کا خوف، سرمایہ داری کا عروج

،اس کی زد میں آئے عام انسان ،جرائم کا بڑھتا گراف ،علاقائی ،لسانی ،مذہبی اور مسلکی تعصب ،نسلی امتیازات ،دہشت گردی ،بنیاد پرستی کے احیاء کی جدوجہد ،معاشرتی ناہمواری ،خواتین کا استحصال ،امیر غریب کے مابین بڑھتی خلیج ،سماج میں موجود افلاس سے جوجھتے ہوئے لوگ ،غربا کا سماجی و سیاسی استحصال اور کمزوروں پر ظلم وغیرہ۔ان تمام مسائل کو ہم عصر افسانہ نگاروں نے بڑی جرأت مندی سے پیش کیا اور ان مسائل کو اپنے فن پاروں کا خاص موضوع میں بنایا۔

افسانوی تخلیقات میں نئے نظریات ،رجحانات اور تصورات کے اثرات کا دائرہ اتنا وسیع ہوا کہ اردو قلمکار کے ہاں متذکرہ موضوعات ،کثرت سے برتے جانے لگے،لیکن اسلوب ،افسانے کی تکنیک ،قوتِ اظہار ،تخلیقی اِرتقاع اور قاری کو فوری اپنی گرفت میں لینے کی قوت (Virtue authority) کہیں کہیں نظر آئی۔

افسانہ کی تعریف میں الیزابیتھ باون کہتی ہیں کہ وہ پلاٹ جو خود کو لکھوانے کے لیے قلم کار کو مجبور کردے ،وہ ایک کامیاب تخلیق تصور کی جائے گی لیکن کہانی لکھنے کی یہ کیفیت اسرار گاندھی کے ہاں نہیں ملتی اور نا ہی وہ داخلیّت پسندی سے کام لیتے ہیں بلکہ حقیقت اِس کے بالکل برعکس ہے۔افسانہ کے تعمیری نظام میں موصوف کے تجربات ومشاہدات کا زیادہ عمل دخل ہے اور قوتِ استدلال بھی کارفرما ہے،جس میں مجموعی طور پر سماج و معاشرے کی بے حسی بھی آتی ہے اور فرد کا فطری اور غیر فطری رویہ بھی،موصوف کے بعض افسانوں میں کردار کی حرکات اور اُن پر عمل کرنے والی قوتوں کے باہمی تعلق کا مطالعہ بھی کیا جا سکتا ہے اور جہاں جس رنگ کا تلازمہ باندھتے ہیں،اُس کی نا صرف تصویر سی کھینچ دیتے ہیں بلکہ بیباکانہ طریقے سے اُن پر تنقید کے در وا کر دیتے ہیں۔اس کی بہت اچھی مثال ،افسانہ''نالی میں اُگے پودے'' میں ذکیہ کے غیر روایتی کردار کے رویہ سے پیش ہوتا ہے۔افسانہ کے چند پیرا گراف ملاحظہ کیجیے:

> ''شہر میں کتنا چرچہ تھا اُس کا،اُن دنوں......شاید اُس نے طے بھی کر رکھا تھا کہ وہ بدنامی کی تمام منزلیں طے کر کے ہی دم لے گی...رالتس براٹ بڑے بڑے ہوٹلوں سے تنہا نکلنا ،نامناسب لوگوں سے یاری اور فیشن کی انتہا ختم کر دینا ،شاید اُس کی زندگی کا مقصد بن کر رہ گیا تھا...اچانک ذکیہ نے ایک لمبی چھلانگ لگائی تھی۔''

افسانہ میں ایک Supportive کردار انجلی کا بھی پیش کیا گیا ہے،جس سے جڑی کیفیات کا اظہار اس طرح ملتا ہے:

''اپنی اسی کشش کی وجہ سے ایک دن وہ اُس کے دل کے نہا خانوں میں بڑی خاموشی سے اتر گئی

تھی، پھر وہ بھی انجلی کے وجود میں سرایت کر گیا تھا... اندرونِ جاں موجود لوگوں کے درمیان کبھی کوئی مکالمہ نہیں ہوا، صرف رویے بولتے رہے اور اُن کے وجود قرب کی مدھم مدھم آنچ میں سلگتے رہے۔''

مندرج بالا Supportive اور Unsupportive ڈسکورس کے پہلے پیراگراف میں عورت کی بے راہ روی کی Morbidezza جبکہ دوسرے میں سماجی تحدیدات کا توازن ملتا ہے۔ یہاں مصنف نے ذکیہ کا پیش منظر پر نہایت چابکدستی اور جرائت مندانہ بلکہ عقابی نظر رکھی ہے لیکن اسی منفی کردار ذکیہ کا سماجی پس منظر پیش کرنے میں قصیر النظری سے کام لیا ہے۔ مقامی، ثقافتی متون کے داخلی تضادات کو پرکھنے کی کوشش ہونی چاہیئے تھی کہ جو ہماری تہذیبی وتمدنی زندگی سے، ان میں موجود سماجی بے حسی کے باعث نکال باہر کر دیئے گئے ہیں اور ذکیہ جیسے کردار مایوسی کی آخری دیوار سے لگے کھڑے اپنے اندرون میں سسک رہے ہیں۔

خارج اور حادثات ہمیشہ خیالات کا محرک بنتے ہیں گو کہ نفسیات کے بعض علماء لفظ 'جبلّت' کے بجائے 'محرک' کا لفظ استعمال کرتے ہیں۔ بہر کیف موصوف کا ایک افسانہ ''آڑے ترچھے دائرے'' اسی essence اور unessence کا بیانیہ ہے کہ فرقہ وارانہ ہم آہنگی منتشر ہوتی ہے اور آگ کی لپٹیں دور تک پھیلتی ہیں پھر انہیں لپٹوں کو چیر کر ایک عورت غیر مانوس طریقے سے مرد کی پناہ میں آکر دیکھتی ہے کہ مرد بھی موت کے خوف سے تھر تھر کانپ رہا ہے۔ مرد اور عورت کے ربط واختلاط سے پیدا ہونے والی جنسی آگ بھی موت کے خوف سے سرد پڑ جاتی ہے لیکن مصنف نے افسانے کے درج ذیل پیراگراف سے افسانہ کا رخ مرد کی جبلّت کی طرف موڑ دیا:

> ''شام ہو چکی ہے، میں سوچتا ہوں کہ شاید اِس اچانک قید کی آخری شام ہو۔ آج دن میں ہم دونوں نے نہ جانے کہاں کہاں کی باتیں کی ہیں۔ کافی ہنسے بھی ہیں اور خوف کی کئی پرتوں کو اُترتے ہوئے بھی محسوس کیا ہے۔ صرف ایک گھنٹے کی آزادی کا خیال زندگی سے کتنا بھرپور ثابت ہوا۔''

اب افسانہ کا دوسرا پیراگراف:

> ''میری آنکھیں سڑک پر چلنے والے شور سے کھل جاتی ہیں، وہ مجھے کمرے میں دکھائی نہیں دیتی میں اُسے آنگن اور باتھروم میں تلاش کرتا ہوں، وہ وہاں بھی نہیں ہوتی اور پھر جب دوبارہ کمرے میں آتا ہوں تو نظریں ٹیبل واچ کے پاس رکھے ہوئے ایک چھوٹے سے کاغذ پر پڑتی ہیں، میں اسے اٹھا کر پڑھنے لگتا

ہوں......''آپ کے دل سے موت کا خوف ایک دن اور نہ دور ہوتا۔''

اس طرح متذکرہ افسانہ مرکزی خیال کے مجموعی حجم میں essence اور unessence عصری معنویت (virtuality) کا ڈسکورس بنتا ہے۔

افسانہ ''شاور کا شور'' وا شگاف بیانیہ میں عمدہ تخلیق ہے۔ مصنف نے غیر طبعی نفسیات (abnormal psychology) کے اطلاق سے فرد کے افعال، ذہنی امراض کی درجہ بندی اور ان کے اسباب، نہایت ہنرمندی سے پینٹ کیئے ہیں، جس سے نئی ادبی ثقافت میں در آنے والے قبیح رجحانات اور خود ستائشی و خود فریبی کے عناصر دریافت کرنے کی ایک عمدہ کوشش ہے۔ مصنف نے سیمیناروں اور ادبی محفلوں میں تانیثی ربط و اختلاط سے جنم لینے والی اجسام پرستی کے واضح اشارات اور نئی ادبی ثقافت پر نا صرف روشنی ڈالی ہے بلکہ قاری کے ذہن کو نئے ادبی زوال کی دجلیات کی طرف موڑ دیا ہے۔ گو کہ کہانی میں نفسیاتی شور مسلط ہے جبکہ جنسی کج روی کو افسانہ کا موضوع بنایا گیا ہے۔ موصوف اِس قسم کے ادبی erotica کو بڑے سلیقے سے برتنے کا فن خوب جانتے ہیں۔ ادب یا کسی بھی شعبہ ہائے زندگی میں تعلّی کا شکار فرد کے رازہائے پنہاں کو بڑی بیباکی سے افشاں کر دیتے ہیں:

''چند ساعتوں کے بعد ایک ہاتھ بڑھا اور روشنی گل ہوگئی، ابھی روشنی گل ہوئے تین چار منٹ ہی ہوئے ہوں گے کہ مسرت اٹھ بیٹھی، اُس نے نائٹ لیمپ کا سوئچ آن کیا، اس کے چہرے پر جھنجلاہٹ کے آثار نمایاں تھے۔ وہ اٹھی اور باتھ روم میں داخل ہوگئی، واپس آئی تو اس سے مخاطب ہو کر بولی۔ ''تم پر اب عمر کا اثر ہو چلا ہے۔ مجھے یاد ہے میرے ساتھ پچھلی بار بھی ایسا ہی ہوا تھا'' وہ چپ چاپ اسے دیکھتا رہا، خاموشی کے ساتھ شرمندگی نے بھی کنڈلی مار رکھی تھی۔ اگلی صبح دونوں بیٹھے چائے کی چسکیاں لے رہے تھے، مگر بیزاری دونوں کے درمیان براجمان تھی۔ پھر یہ خاموشی اسی نے توڑی... ''تمہارے شوہر کیسے ہیں؟'' اس کے منہ سے غیرارادی طور پر نکل گیا۔ مسرت نے اسے عجیب نظروں سے دیکھا پھر بولی ......''ٹھیک ہیں......تم سے بہتر ہی ہیں'' وہ مسکرائی......وہ کھسیا گیا۔''

جب فرد، معرفہ اور نکرہ کی کیفیت کا دورانیہ عبور کرتا ہے، تو ''گہرے بادل'' جیسا افسانہ عالم خلق میں جنم لیتا ہے۔ جبر و استبداد، خواہ سیاسی ہو، سماجی ہو یا معاشرتی، عبوری ہو یا مستقل حیثیت اختیار کر چکا ہو، فرد کو مختلف دائروں میں قید کر دیتا ہے۔ افسانہ ''گہرے بادل'' استعارہ بندی اور اشاروں کنایوں میں جبریت و استبدادی کیفیت کا ڈسکورس بنانے کی کوشش ہے۔ متذکرہ افسانہ میں مصنف نے ایک مجازی 'کوٹ' کو دکھایا ہے جو اپنی لغوی حدود سے نکل کر جبر و استبداد کی نشاندہی کرتا ہے۔ افسانہ میں ''وہ'' اور اُس کا

دوست حمزہ، اِسی کیفیت آ گیں 'کوٹ' میں کسمسا رہے ہیں۔ جبر اور استبدادی دائرے چونکہ مستقل حیثیت میں نہیں تھے۔

دراصل انقلابِ روس، تاریخ کا درخشاں باب ہے اور افسانہ ''گہرے بادل'' سوویت یونین میں کمنسٹوں کے سیاسی نظام وانصرام کا مونٹاژ (Montage) ہے، جس میں کمیونزم کے خلاف روسی عوام کی بیداری، سیاسی استبداد اور عوام پر مسلط کی گئیں جبری تحدیدات کا بیانیہ ہے۔مندرج ذیل اقتباس ملاحظہ کریں:

''پھر ایک دن اُس 'کوٹ' کہ جس کا رنگ گزرتے ہوئے وقت کے ساتھ ساتھ سیاہی مائل ہو چلا تھا؛ کی تمام سلائیاں ٹوٹ ٹوٹ کر کھل چکی تھیں۔آستین کا کالر، شولڈر، جیبیں، کوٹ کے دوسرے حصے سب ہی کچھ ایک دوسرے سے الگ ہو کر ٹکروں ٹکڑوں میں بٹ چکے تھے۔اب نہ کسی کا شور تھا اور نہ ہنگامہ، صرف طوفان کے گزر جانے کے بعد کا سناٹا تھا۔''

'کوٹ' کے تمام حصوں کا ٹوٹ ٹوٹ کر ایک دوسرے سے جدا ہونا، سوویت یونین کا سقوط اور کمنسٹوں کے عدم تسلط کی تصویریں ہیں۔

افسانہ سے ایک اور قتباس:

''حمزہ مسکراتے ہوئے دیکھ کر، اس کے چہرے پر بھی مسکراہٹ پھیل گئی ... پھر دونوں کی مسکراہٹیں طویل قہقہوں میں بدل گئیں، مسکراہٹوں سے قہقہوں کا ایک لمبا سفر...اور اُس سفر کے درمیان لگاتار بڑھتا ہوا شور......''

''شور...... ہنگاموں کو جنم دیتا ہے۔

اور ہنگامے...... جو نئی سوچ اور سمجھ کو جنم دیتے ہیں...... پھر یہ سوچ اور سمجھ اپنے وسیع دامن میں کیا کیا کچھ بھر لاتے ہیں۔

شور......

ہنگامے......

نئی سوچ سمجھ......

ایک مستطیل......

اور اس مستطیل کے درمیان 'وہ' اور حمزہ اور بے شمار لوگ اپنے اوپر لدے ہوئے 'کوٹ' میں بھرپور طریقے سے کسمسا رہے تھے۔''

افسانہ ''گہرے بادل'' ہندستان کے موجودہ سیاسی تناظرات کو بھی زیرِ بحث لاتا ہے۔

کچھ عرصہ قبل موصوف کا نیا فسانوی انتخاب ''ایک جھوٹی کہانی کا سچ'' منظر عام پر آیا ہے، جس میں اِسی عنوان سے ایک مستقل افسانہ بھی موجود ہے۔ کہتے ہیں، فکشن کا سچ حقیقت سے زیادہ سچا ہوتا ہے۔ افسانہ ''ایک جھوٹی کہانی کا سچ'' ایسا ہی افسانہ ہے، جو معنوی اعتبار سے بدیع الاسلوب میں نا صرف ذو جہت افسانہ ہے بلکہ کافی دلچسپی کا حامل بھی ہے۔ افسانہ میں بیک وقت دو کہانیاں موجود ہیں پہلی میں فرد کی عدیم الفرصت اور عدیم الحس کی وجہ سے عورت شہوت کی آگ میں جھلنے لگتی ہے اور اس کی طبیعت شہوتِ کلبی کی طرف مائل ہوجاتی ہے۔ موہن ایک ایسا کردار ہے جو امیروں کے ہاں کام کاج کرتے ہوئے سیکس ورکر بن جاتا ہے، وہ ایسی ہی عورتوں کی شہوت کلبی کو دور بھگانے کا روبوٹ ہے جو اپنے مردوں کی عدم فرصتی کے سبب، غیر روایتی سفر کا انتخاب کرتی ہیں۔ جسمانی ناآسودگی و تشنگی کا شکار عورتوں کا یہ کھیل سماج و معاشرے میں ژرف نگاہی کا متقاضی ہے، جسے اسرار گاندھی کی نگاہیں اوران کی تشکیکی حسیت تلاش کر لیتے ہیں، جس میں ژرف بینی کے جلوؤں کے ساتھ حقیقت نگاری کی تابانی بھی نظر آتی ہے، لیکن جلد یا بدیر یہ حال دل آگہی پر کھل جاتا ہے اور فرد پر سود و زیاں کی کیفیت طاری ہوجاتی ہے۔ اسی افسانہ سے ایک دلچسپ اقتباس:

''پھر وہ رات جو اچانک اس کے ذہن میں ابھری تھی، کہیں غائب ہوگئی اور اس کی جگہ دوسری بہت سی راتوں نے لے لی ...ان راتوں نے جو اس نے سیٹھانی کے کہنے پر دوسری عورتوں کے ساتھ گزاری تھیں اور رات کی اجرت، اُسے نوٹوں کی شکل میں حاصل ہوئی تھی۔ یوں وہ ایک ایسے راستے پر چل پڑا تھا جہاں وہ تھا، تشنگی کے شکار جسم تھے اور پیسہ تھا۔ پھر ایک دن اس نے سیٹھ داتا رام کی نوکری چھوڑ دی اور کرائے کے ایک فلیٹ میں شفٹ ہوگیا کہ وقت نے اُسے سود و زیاں کے بہت سے زاویوں سے آشنا کر دیا تھا۔''

''ایک جھوٹی کہانی کا سچ'' میں سکّے کا دوسرا رُخ، عورت کی بے اہمیتی (Insignificance) کا ارتکاز ہے۔ جنّی ایک ایسا ہی کردار ہے جو موہن کی طرح سیکس ورکر ہونے کے باوجود ایک اچھی اور باوقار زندگی جینے کی خواہاں ہے۔ جنّی جو مرد کی تنہائیوں میں کمی کا احساس تو بڑی شدت سے کراتی ہے لیکن ایک بنیادی فرق کی وجہ سے قابل تسلیم نہیں ہے۔ اسی افسانہ سے دوسرا اہم اقتباس:

''تم مجھے اتنا ہی چاہتے ہو۔''

''ہاں میں تمہیں اتنا ہی چاہتا ہوں، مجھے تمہاری کمی کا شدت سے احساس ہوتا ہے ،کئی بار مجھے تمہارے کندھوں کی ضرورت ہوتی ہے۔''

''اگر ایسا ہے تو پھر میرے ساتھ مل کر گھر کیوں نہیں بسا لیتے ؟۔''

''نہیں... یہ تو نہیں ہوسکتا...''

''کیوں......! ایسا کیوں نہیں ہوسکتا؟''

''دیکھو جتی...... میں اب ایک صاف ستھری اور اچھی زندگی گزارنا چاہتا ہوں کہ اس طرح کی زندگی سے میں تھک چکا ہوں... پھر تم خود ہی سوچو کہ کیا میں کسی ایسی لڑکی سے شادی کرسکتا ہوں جس کا ماضی، اس کے حال سے الگ نہ کیا جا سکے۔''

''یہ تم کہہ رہے ہو..؟ کیا تم نے کبھی آئینہ نہیں دیکھا؟...''

''میں نے کبھی اس کی ضرورت ہی محسوس نہیں کی کہ مجھ میں اور تم میں ایک بنیادی فرق ہے۔''

گو افسانہ میں مرد کا زاویہ نگاہ حاوی رہتا ہے لیکن کلائمکس عورت کے زاویہ نظر میں بدل جاتا ہے اور یہی وہ مقام ہے جہاں مرد کی سرشت کا مشاہدہ ہوتا ہے۔

موصوف کے دیگر فن پاروں میں جو میری نظر سے گزر چکے ہیں ''دھوپ چھاؤں، پرت پرت زندگی، پناہ گاہ، مفاہمت کا عذاب، بلیک آؤٹ...'' وغیرہ وہ تخلیقات ہیں جو مکمل طور پر توجہ چاہتی ہیں۔

اسرار گاندھی کے تعلق سے ایک تاثر جو قابل غور ہے، کہ موصوف لکھنے کے معاملے میں حد درجہ محتاط معلوم ہوتے ہیں۔ موصوف کی مجموعی ادبی خدمات کئی دہائیوں پر محیط ہے لیکن ان کے ادبی پروفائل میں کتابوں کے انبار نہیں ملتے بلکہ منتخب افسانوں کے چند مجموعے موجود ہیں، یہ ادب میں ایک بہترین فکری طریقہ ہے جو انتہائی ناسازگار حالات میں بھی انسانی زندگی کی مثبت قدروں کا ترجمان بنتا ہے۔ ممکن ہے، اسی سبب اسرار گاندھی کے فن پاروں کی اساس عام طور پر شدید حساسیت، انسان دوستی و ہمدردی، ہمہ گیر قوت مشاہدات و تجربات اور فن کارانہ توازن، اور عموماً مظلوم، مفلس اور تنہائی کا شکار کرداروں کے ساتھ نہایت ہمدردی اور دردمندی پر رکھی ہوئی ہے۔ ان کے ہاں ایک خوبصورت کرب اِرتفاعی (elevation) صورت حال کی پیداوار ہے جو ان کی طبیعت اور ذوقِ جمال کے تخلیقی اضطراب کے راستے، حسن تخلیق کی دلکشی اور گراں مایہ معنوی موزونیت کے سہارے آگے بڑھتی ہے۔ زندگی کو سمجھنا، اس کے اثرات قبول کرنا، تخلیقی سطح پر پوری انسانیت کو اس کرب میں سمیٹنا اور پھر زندگی سے جینے کا حوصلہ مانگنا، اُسے بعض اَوقات نوکِ قلم رکھنا اسرار گاندگی کی تخلیقی خصوصیات (Paradigmatic) ہیں۔ زندگی سے قریب، اس کے افہام و تفہیم اور تشریحات کا تخلیقی ادراک، انسانی سماجی اقدار کی نا برابری، مجموعی معاشرے کا ابھرتا ہوا نیا چہرہ افراد کی نفسیاتی اور سماجی قدروں کا جدید پس منظر اسرار گاندھی کے فن پاروں کا

محور ہے، وہ اکثر و بیشتر معاشرہ کا گہرائی و گیرائی سے مطالعہ کرتے ہوئے کرداروں کی تہہ تک پہنچنے کی سعی کرتے ہیں تو کبھی کرداروں کہ تہہ داریت کے راستے معاشرے کی جدلیات (Dialectics) سے اپنا تعلق مضبوط ومنضبط کرلیتے ہیں ۔ان کے فن پاروں کے موضوعات نئ انسانی اور سماجی اقدار (infrastructure) کی صورت سامنے آتا ہے۔کردار سے کردار،کردار سے معاشرہ اور معاشرہ سے ایک بار پھر کردار کی جانب واپسی کا عمل،انہیں ایک بہترین سماجی ومعاشرتی نقاد ثابت کرتا ہے۔وہ اپنے افسانوں میں Supportive Psychology کی وساطت سے کرداروں میں حوصلہ اور زندگی کا نیا جوش پیدا کردیتے ہیں۔یہ اسرار گاندھی کے فن پاروں کا وہ تخلیقی اور حسی Dimension ہے جس کی طرف انھوں نے نہایت دبے پاؤں سفر کیا ہے۔

اسرار گاندھی کا تخلیقی ارتفاع اپنے بہترین اسلوب،فن کی پختگی ،تخلیقی فعلیت کے لحاظ سے اردو افسانوی ادب کی تاریخ میں اپنا نام درج کرانے میں پورے طور پر اہل ہے۔گوکہ فنی سطح پر افسانے میں کئ ایک تجربات کیے گئے ،لیکن اس کا فن گھوم پھر کر پھر زندگی کے اسی فطری و حقیقی عمل سے مربوط و منضبط ہوجاتا ہے جو زیست کی اصل ترتیب وتہذیب ہے۔اگر اسلاف میں انتظار حسین ،احمد ندیم قاسمی ،قرۃ العین حیدر یا جیلانی بانو کے فن پاروں کو ہم بغور دیکھیں اور سمجھیں تو یہ بات قبول کرنے میں کوئی قباحت نہیں ہوگی کہ اسلوب، زندگی کے اسلوب سے بہت نزدیک ہے۔ایک قدرتی بہاؤ اور قدرتی افسانہ طرازی گویا فطری نظام کے تحت، اِن افعال ،ارادوں اور احساسات وجذبات کی ترسیل،اسی ترتیب سے ہورہی ہے۔

لہٰذا کہہ سکتے ہیں کہ جو ترتیب اسلوب اور پلاٹ کی ہے وہی ترتیب زندگی کی ہے۔چنانچہ شاہکار افسانہ بھی وہی ہے جو اسی فطری اور فکری نہج پر خلق ہوا ہو،جس سے افسانہ طراز اور فطرت کے مابین ایک مربوط روابط وضوابط محسوس ہوں۔اسرار گاندھی کے ہاں بھی فنی موشگافیوں کے لحاظ سے روابط وضوابط اور فطری انسلاک ملتا ہے۔

◀◀ ● ▶▶

● ڈاکٹر خالدہ ناز

کٹی ہوئی شاخ......ایک تجزیہ

''کٹی ہوئی شاخ'' پروفیسر قمر جہاں کی کہانیوں میں شاہکار کا درجہ رکھتی ہے۔ جو اپنے عنوان سے ہی منفرد ہے۔ اس لئے قاری کو اپنی طرف متوجہ کر لیتی ہے۔ پھر جیسے ہی کہانی کا آغاز ہوتا ہے۔ ذہن فوراً ہجرت کے کرب کو محسوس کرنے لگتا ہے کہ وطن سے دوری اور اپنے ہی وطن میں اجنبیت کا احساس سچ مچ کٹی ہوئی شاخ کی مانند ہی تو ہے۔

اردو ادب کی تاریخ میں قمر جہاں کا نام محتاج تعارف نہیں۔ وہ ایک اچھی ناقد بھی ہیں اور اعلیٰ پائے کی افسانہ نگار بھی۔ اب تک ان کے کئی افسانوی اور تنقیدی مجموعے منظرِ عام پر آ چکے ہیں۔ وہ بہار میں شکیلہ اختر کی روایت کی پاسبان بن کر ابھری ہیں۔ شروع سے ان کے افسانے ملک کے معیاری ادبی رسائل میں شائع ہوتے رہے ہیں۔ جو ادبی حلقوں میں پسندیدگی کی نگاہ سے دیکھے گئے۔ ان کی سب سے بڑی انفرادیت یہ ہے کہ انہوں نے نہ صرف نسوانی کردار کو اپنے افسانوں کا موضوع بنایا ہے۔ بلکہ انہوں نے اپنے افسانوں میں سماج کی سچی تصویریں پیش کرنے کی کوشش کی ہے۔ ان کی ادبی زندگی کا آغاز ۱۹۶۴ء سے ہوا ہے۔ شروع سے افسانوں اور مقالات دونوں صنف میں اپنی حاضری درج کرائی ہے۔ ان کا قلم ابھی تھکا نہیں ہے۔ بلکہ ایک لمبے عرصے تک اپنی درس و تدریس کی ذمّے داریوں سے سبکدوش ہونے کے بعد اب اور رواں دواں ہے۔ بعض ایسے تحقیقی مقالے نظر سے گزرے ہیں جو تشنگان ادب کی سیرابی کر رہے ہیں۔

پیشِ نظر کہانی ان کے افسانوی مجموعہ ''اجنبی چہرے'' میں شامل ہے۔ جس کے دو ایڈیشن آ چکے ہیں۔ لیکن پہلی بار اس کہانی کی اشاعت ماہنامہ ''ایوان اردو'' دہلی، نومبر ۱۹۹۰ء میں ہوئی۔ اس افسانہ کا ترجمہ پنجابی زبان میں بھی ہو چکا ہے جسے پرتپال سنگھ بے تاب نے کیا ہے۔ یہ افسانہ بہار کے میٹرک بورڈ میں بھی شامل ہے۔ اس میں کوئی دو رائے نہیں کہ بچے اسے پڑھ کر وطن پرستی کے جذبات کو اچھی طرح سمجھ رہے ہیں جو انہیں آنے والی زندگی میں اپنے وطن سے سچی دوستی اور اس سے محبت کا سبق ہے۔ حالانکہ یہ کہانی چھبیس ستائیس سال پہلے وجود میں آئی ہے۔ لیکن آج بھی اس کا موضوع بالکل نیا معلوم ہوتا ہے۔

ابھی بھی ملک میں نوجوانوں کی یہی حالت ہے ۔ وہ پیسہ کمانے کے دھن میں وطن سے دور جانا پسند کرتے ہیں ۔جنہیں بعد میں یہ احساس ہوتا ہے کہ وہ کس طرح اپنے چاہنے والوں اور اپنے وطن کی مٹّی سے دور ہو گئے ہیں ۔ جب دوسرے ملک کی سرزمین پر وحشت کے بادل منڈلانے لگتے ہیں ۔تو وہ کہیں کے نہیں رہتے ۔ٹھیک اس کہانی کے کردار کی طرح جو کئی سالوں بعد اپنے وطن واپس آیا ہے ۔ جہاں اسے ہر چیز نئی ، نئی اور اچھوتی لگ رہی ہے ۔لیکن اس اجنبی پن میں بھی اپنے پن کا احساس حاوی ہے ۔ گویا افسانہ کا آغاز ہی بے حد دلکش ہے ۔ پہلی سطر ہی پڑھنے والوں کی تمام توجہ اپنی طرف مرکوز کر لیتی ہے ۔

’’ کتنے سال بعد وہ اپنے وطن واپس آیا تھا ۔ ہر چیز نئی ، نئی اور قدرے اچھوتی ، اچھوتی سی معلوم ہو رہی تھی اُسے......ایک مدت تک باہر رہ جانے کے باعث اب وہ خود اپنے وطن کے لئے اجنبی سا ہو گیا تھا ۔مگر اس اجنبی پن میں بھی اپنے پن کا احساس پنہاں تھا ۔ وہ دیر سے خود اپنے آپ سے سوال کر رہا ہے ۔‘‘

یہ پوری کہانی واحد متکلم کے صیغے میں آگے بڑھتی ہے اور اس کہانی کا میں جس کا نام بھی ظاہر نہیں ہو پاتا اپنے آپ سے سوال کرتا ہوا زندگی کے بہت سے تلخ حقائق پر سے پردہ اٹھانے میں پوری طرح کامیاب نظر آتا ہے ۔ پوری کہانی فلش بیک میں اپنا سفر طئے کرتی ہے اور پچھلے واقعات ٹی ۔وی ۔اسکرین کی طرح اس کے ذہن میں رقصاں ہوتے رہتے ہیں ۔اس کا ذہن ڈھیروں سوالوں کا آماجگاہ بنا ہوا ہے...... اس کی سوچ کے ذہن سے ابھر کر کچھ ایسے مکالمے سامنے آتے ہیں جو قاری کے ذہن میں بہت دنوں کے لئے محفوظ ہو جاتے ہیں ۔

’’ آخر وہ اتنی اچھی سرزمین اور ایسے دلدار لوگوں کو چھوڑ کر کیوں اتنے لمبے عرصے تک......؟ کیا اب سچ مچ اس کی حیثیت یہاں اس ٹوٹی ہوئی شاخ کی سی ہے جو درخت سے علیحدہ ہو چکی ہے؟‘‘

پڑھنے والے کے ذہن میں یہ باتیں دیرپا نقش چھوڑتی ہیں ۔اور وطن کی آدھی روٹی بھی بھلی معلوم ہونے لگتی ہے ۔ جبکہ آگے کے سطور میں اس ’میں‘ کے ذہنی کشمکش کو پڑھ کر دل عجیب طرح سے بے چین ہو جاتا ہے ۔ کہ کیا سچ مچ وطن سے دوری انسان کو اپنے ہی گھر میں اجنبی بنا دیتی ہے ۔اور اپنوں کے برتاؤ میں بھی تصنع کی جھلک صاف نظر آنے لگتی ہے ۔

ہجرت کا کرب شروع سے ہی ادیبوں اور فن کاروں کا پسندیدہ موضوع رہا ہے ۔خود مصنفہ نے بھی اس موضوع کو اپنی دوسری کہانیوں میں بھی پیش کیا ہے ۔لیکن پیشِ نگاہ کہانی ان سب میں الگ ہے ۔شروع

سے آخر تک ربط و تسلسل کی کیفیت برقرار رہتی ہے اور قدم، قدم پر رک کر کچھ سوچنے پر مجبور کرتی ہے

یہ حالات جس سے اس کہانی کا ہیرو دوچار ہے آج کی تیز رفتار زندگی میں بھی یہی صورت حال ہے ۔انسان ہر جگہ خود کو غیر محفوظ سمجھنے پر مجبور ہے۔ خاص طور پر دوسرے ملک میں جا کر وہاں کی جادوئی دنیا میں کھو کر جب اس پر تنہائی کا احساس غالب ہوتا ہے تو جیسے کوئی چیز چھناکے کے ساتھ اس کے اندر ٹوٹتی ہوئی محسوس ہوتی ہے۔ اور وہ عجیب سی بے چینی کا شکار ہو جاتا ہے۔ پاسپورٹ اور ویزا کی پابندی میں جکڑ کر اسے راہ فرار کی کوئی صورت بھی نظر نہیں آتی۔ اب ذرا اس کہانی کے میں سے اس کیفیات کی بھرپور ترجمانی ملاحظہ کیجیے:

''کبھی ،کبھی وہ اپنے وجود کو پنڈولم کی طرح جھولتا محسوس کرتا، لامحدود فضاؤں میں معلق زمین سے منقطع اور آسمان سے دور...... ''یا الٰہی یہ کیسا جہاں ہے؟ باہر کی دنیا کیسی خوبصورت ہے لیکن اندر کی آتما کو چین نہیں...... یہاں تو ہر شخص بس اپنے 'آج' میں جی رہا ہے...... کیا کل کے اعتبار کے بغیر آج کا حسن برقرار رکھا جا سکتا ہے......؟''

ہمارے عہد میں بے روزگاری اور بے کاری سے گھبرا کر نوجوان جس طرح دوسرے ملک میں جا کر پناہ ڈھونڈتے ہیں اور اچھے خاصے پیسے بھی کما لیتے ہیں...... کیا سچ مچ انہیں بعد میں یہ احساس ہوتا ہے کے زندگی کو خوشگوار بنانے کے لئے دولت نہیں اپنا پن ضروری ہے۔ کاش اس بات کو وہ پہلے محسوس کر لیتے لیکن ایک لمبے عرصے تک مشینی زندگی گذارنے کے بعد جب وہ یہ سوچتے ہیں کہ اب تو زندگی میں کسی چیز کی کمی نہیں تو یہ احساس ان کے لئے سوحانِ روح بن جاتا ہے۔ موصوفہ نے اپنے کردار کے ذریعہ اس بات کا واضح اظہار کیا ہے کہ ایک حساس شخص اس بے اعتباری کے ساتھ خوش نہیں رہ سکتا۔ مشینی زندگی ہر لطیف احساس کو ختم کر دیتی ہے۔ قمر جہاں نے بڑی فنکاری سے اس جذبے کی عکاسی کی ہے۔ اپنی باتوں کو بے باکی سے کہنے کا ہنر انہیں خوب آتا ہے۔

''کیا زندگی صرف پیسے سے مطمئن ہو جاتی ہے......؟'' باہر آ کر وہ بھی یقیناً اچھی غذا کھا رہا تھا، اچھی خاصی رقم جمع کر رہا تھا۔ فریج، ٹی وی، اے سی بہترین ائیر کنڈیشن کار، ویل فرنیشڈ مکان، سب کچھ کم ہی مدت میں اس نے حاصل کر لیا تھا۔ لیکن اکثر راتیں اس کی فوم کی آرام دہ مسہری پر کروٹیں بدلتے ہی گذر جاتیں...... جب بھی کبھی گھر سے اس کی ماں یا کسی اپنے پرائے کا خط آتا وہ ہفتوں تک مضمحل سا رہتا...... بوڑھے باپ کے انتقال کی خبر ملی تو وہ جی بھر کر رو بھی نہ سکا۔ ماں کی علالت کی اطلاع ملی مگر وہ صرف تڑپ کر رہ گیا۔''

اس طرح ہم کہہ سکتے ہیں کہ قمر جہاں کہانی بیان کرنے کے فن سے اچھی طرح واقف ہیں۔ خاص

طور پر باطن میں ہونے والے ذہنی کشمکش کو بڑے دلکش بیانیہ انداز میں پیش کرتی ہیں۔ وہ اپنے عہد کی مورخ بھی ہیں اور اپنے عہد سے بہت آگے کا سفر طئے کرنے کا ہنر بھی جانتی ہیں۔ جب ہی تو تین دہائیوں کے بعد بھی یہ کہانی آج کے تناظر کی معلوم ہوتی ہے۔ جو اس بات کو ثابت کرتی ہے کہ ان کا فن ارتقا پزیر ہے۔

بلا شبہ یہ کہانی ہمارے ادب میں ایک گراں قدر اضافہ ہے۔ یہ صحیح ہے کہ موصوفہ نے مختلف موضوعات اپنے افسانے کا موضوع بنایا ہے جو اس بات کی شاہد ہیں کہ انہیں موضوع پر پوری گرفت حاصل ہے۔ خلیجی بحران اور دوسرے کئی بین الاقوامی مسائل پر بھی ان کی نگاہیں ہمیشہ طواف کرتی رہتی ہیں۔ بے شک ''کٹی ہوئی شاخ'' خلیجی بحران سے متعلق ایک اچھی کہانی ہے۔ جو اپنے قاری کو اس بات کا احساس دلاتی ہے کہ موصوفہ ملک کے مسائل پر گہری نظر رکھتی ہیں اور اس کی پیش کش میں پوری طرح کامیاب بھی ہیں۔

پیشِ نگاہ کہانی کا آغاز دلکش ہے تو انجام بھی بالکل موزوں صورتِ حال پر ہوا ہے۔ یہ محسوس ہی نہیں ہوتا کہ کہانی کا 'میں' وہیں کا وہیں کھڑا ہے جہاں سے اس نے اپنا سفر شروع کیا تھا۔ وہ اپنے گھر کی دہلیز پر دیر سے کھڑا بیتے لمحوں کو واپس بلانے کی کوشش کرتا ہے مگر اجنبیت کا احساس اس پر پوری طرح حاوی رہتا ہے۔ خود مصنفہ کے الفاظ میں :

> ''مگر اسے ایسا لگ رہا ہے جیسے یہ گھر اب اُس کا اپنا گھر نہیں رہا...... در و دیوار کی ساخت تو وہی ہے، آم کے پیڑ اور شرتفے کے پیڑ بھی وہی ہیں مگر اس کے قدموں کے نیچے کی زمین بہتا پانی بن گئی ہے۔ سخت دھوپ سے گھبرا کر اُس نے نگاہیں اوپر کیں تو چھت کا سایہ بھی سر سے غائب تھا۔''

یہ مکالمہ دل کو چھو لینے والا ہے اور بڑا گہری معنویت کا حامل ہے۔ کہانی انہیں مکالموں کے ساتھ ختم ہو جاتی ہے اور پڑھنے والا دیر تک یہ سوچتا رہتا ہے کہ وطن سے دور رہ کر در بدری کا یہ کرب ان سبھی انسانوں کا ہے جو اپنے وطن سے محبت کرتے ہیں۔

مختصر یہ کہ ''کٹی ہوئی شاخ'' ایک ایسا افسانہ ہے جو زندگی کی ایک تلخ حقیقت یعنی ہجرت کے مسائل کو پیش کرتا ہے۔ تخلیقی اور تکنیکی دونوں اعتبار سے یہ ایک کامیاب افسانہ ہے جو تین دہائی پہلے وجود میں آنے کے باوجود عصری حقائق اور نئے تناظر میں کھرا اترتا دکھائی دیتا ہے۔ ایسا سچا افسانہ ہی شاہکار کا درجہ پا سکتا ہے۔

◄◄ ● ►►

● ڈاکٹر قسیم اختر

''جانے پہچانے لوگ'' کا تنقیدی چہرہ

معاصر تنقید میں ڈاکٹر صفدر امام قادری کی تنقید مختلف خصوصیات کی بنیاد پر منفرد نظر آتی ہے۔ کیوں کہ وہ متن سے الجھتے ہیں اور معانی و مفہوم متعین کرتے ہیں۔ کسی فن پارے پر لکھے گئے مضامین کی روشنی میں وہ کوئی مضمون تیار کر کے اپنی تنقیدی انفرادیت ثابت کرنے کی کوشش نہیں کرتے ہیں۔ اسی طرح ان کے خاکوں کا مطالعہ بتاتا ہے کہ وہ شخصیات کو اپنی نظروں سے دیکھتے ہیں۔ ان کے اندرون میں اترتے ہیں اور وہاں سے مواد حاصل کر کے قلمی تصویر بناتے ہیں۔ اس لیے ان کے خاکے بھی موجودہ خاکہ نگاروں سے الگ نوعیت رکھتے ہیں۔ صفدر امام قادری نہ افسانوی رنگ خاکے لکھتے ہیں اور نہ افسانوی اختصار سے سروکار رکھتے ہیں۔ ان کے اکثر خاکے طویل ہوتے ہیں۔ ظاہر ہے طویل خاکوں میں بہت کچھ پیش کرنے کی گنجائش ہوتی ہے۔ یہی وجہ ہے کہ ان کے خاکوں میں تاثراتی رنگ بھی ابھرتا ہے اور سوانحی انداز بھی۔ تنقیدی سروکار بھی نظر آتا ہے اور تاثراتی احساس بھی۔

پیش نظر کتاب ''جانے پہچانے لوگ'' میں کل سوا درجن خاکہ نما مضامین ہیں۔ ان مضامین میں لطیف رشتہ یہ ہے کہ یہ تمام کے تمام مضامین فوت شدہ لوگوں پر لکھے گئے ہیں۔ اس لیے یہ کہا جا سکتا ہے کہ دیگر خاکہ نگاروں کی طرح انھوں نے فرمائش پر خاکے نہیں لکھے۔ فرمائشی تبصروں اور خاکوں کی حیثیت کیا ہو سکتی ہے، ذرا بھی غور و خوض کرنے والا بہ آسانی سمجھ سکتا ہے۔ صفدر امام تنقید کے لیے کتابوں کا انتخاب اپنی صواب دید پر کرتے ہیں۔ اس لیے خاکوں کے لیے شخصیات کا انتخاب بھی آزادانہ طور پر کرتے ہیں۔ اگر وہ فرمائشی خاکے لکھتے تو باحیات لوگوں کے خاکے اس مجموعے میں زیادہ ہوتے۔ انھوں نے اس روایت سے بغاوت کی ہے اور فقط ان لوگوں پر ہی لکھا ہے جن سے انھوں نے کچھ نہ کچھ سیکھا ہو اور ان شخصیات کی زندگی کے کسی نہ کسی پہلو نے خاکہ نگار کو متاثر کیا ہو۔

اس کے علاوہ یہ بھی کہا جا سکتا ہے کہ صفدر امام قادری کے تاثراتی مضامین کا رنگ یکساں نہیں ہے۔ گویا انھوں نے لکھنے کے لیے کوئی طے شدہ فارمولہ نہیں اپنایا جس شخصیت کی زندگی کے جس پہلو نے

انھیں متاثر کیا اسی پہلو کو پیش کر دیا ہے۔ ظاہر ہے ان پہلوؤں کو پیش کرنا اسی وقت ممکن ہو سکتا ہے جب خاکہ نگار نے خاکے کی متعلقہ شخصیات کو گہری نظروں سے دیکھا ہو اور متعدد مواقع پر انھیں محسوس کیا ہو۔ صفدر امام قادری کے خاکوں میں گہرے تاثرات کے رویے بہت واضح ہیں۔ اپنے والد سے متعلق لکھتے ہیں:

''ہمارا علاقہ بھوج پوری بولنے والوں پر مشتمل ہے مگر والد صاحب گھر اور باہر دونوں جگہ اردو زبان کا استعمال کرتے تھے۔ کبھی کبھی کسی موکل یا اسی طرح کے کم پڑھے لکھے آدمی سے وہ بھوج پوری میں بات کرتے تھے مگر بیش از بیش سماجی زندگی میں وہ اردو بولتے تھے اور وکالت میں انگریزی زبان۔ جب ان کی تعلیم کا زمانہ تھا، اس وقت ہندی سے آشنائی نہیں ہوئی تھی۔ انگریزی میڈیم میں ہی وہ چوتھی جماعت سے لگ گئے تھے۔ ہندی انھوں نے کچھ ادیبوں اور شاعروں کے بیچ اور وقت کے بدلتے ہوئے رویوں سے متاثر ہو کر پڑھنے کی حد تک سیکھ لی تھی''۔

مذکورہ اقتباس سے کئی باتیں واضح ہوتی ہیں۔ صفدر امام قادری نے شخصیت کی شکل و شباہت کے بیان سے سروکار نہیں رکھا، بلکہ طرز زندگی کے بہت سے امور کی طرف اشارے کر دیے۔ اس کے علاوہ ان کی زبان کی سادگی ہمیں متاثر کرتی ہے کہ اپنے بیانیہ کو اجنبی پن اور ثقالت سے محفوظ رکھا ہے۔ یہی وجہ ہے کہ زبان کی ثقالت مسئلہ پیدا کرتی ہے اور نہ ہی غیر مانوس فقرہ ترسیل میں رکاوٹ پیدا کرتا ہے۔ ان تمام باتوں کے ساتھ ساتھ ایک چھوٹے اقتباس کو انتہائی معلوم افزا بنا دیا۔ اول بھوج پوری بولنے والے علاقے کا جغرافیہ ابھر کر سامنے آتا ہے۔ خاکہ نگار کے گھر میں اردو کے چلن کا پہلو واضح ہوتا ہے۔ ساتھ ہی خاکے کی متعلقہ شخصیت کا پیشہ بھی ابھرتا ہے۔ اس طرح دیکھا جائے تو ایک چھوٹے سے اقتباس میں صفدر امام قادری نے متعدد پہلوؤں کی وضاحت کر دی ہے۔ اس لیے یہ کہنے میں کوئی مضائقہ نہیں کہ صفدر امام لفظوں سے قلمی تصویر بنانے کے ساتھ شخصیات کی زندگی کے دیگر واقعات پیش کر کے اپنی تحریروں کو انفارمیٹیو بنا دیتے ہیں۔ مشہور افسانہ نگار شفیع جاوید کے حوالے سے وہ لکھتے ہیں:

''شفیع جاوید ایک خاص رکھ رکھاو کے آدمی تھے۔ جن لوگوں کو اُن سے ملنے اور ان کے گھر آنے جانے کے مواقع ملے ہیں، وہ جانتے ہیں کہ ہر کام میں وہ سخت انتخاب اور مخصوص قرینے کے قائل تھے۔ خوش پوش تو تھے ہی، اپنے گھر کو بھی اسی طرح سجا سنوار کر انھوں نے رکھا تھا۔''

شفیع جاوید سے ملنے والے تو ان کی عادات کو اچھی طرح جانتے ہوں گے مگر جن کو ان سے ملنے کا اتفاق نہیں ہوا ہے وہ بھی انھیں مذکورہ چند جملوں سے پہچاننے لگ جاتے ہیں۔ کیوں کہ صفدر امام قادری نے شفیع

جاوید کی عادت اور نفاست کا خوب تذکرہ کردیا ہے۔ خاکہ دراصل شخصیات کی عادات وطوار اور حسن اخلاق کا ایک اشاریہ ہوتا ہے۔ خاکہ نگار کا بنیادی کام یہ ہے کہ زندگی کے بہت سے پہلوؤں کی بس جھلکیاں پیش کردے۔ تفصیلات سے گریز کرے، تفصیلات کے لیے سوانحی مضمون کی ضرورت ہوتی ہے۔ صفدر امام قادری نے شفیع جاوید کے خاکوں میں جہاں ان کی شفقت کو پیش کیا، وہیں ان کی افسانوی خصوصیات کو بھی۔ یہی وجہ ہے کہ اس خاکے میں شفیع جاوید کی زندگی کے متعدد پہلو ابھرتے ہیں۔ شفیع جاوید کے مطالعہ کا انداز بھی جداگانہ تھا۔ کیوں کہ وہ برسوں ایک کتاب کا مطالعہ کرتے تھے۔ وہ ٹھہر ٹھہر کر پڑھتے۔ بیک وقت کئی کتابوں سے استفادہ کرتے تھے اور ان کتابوں کا آہستہ آہستہ مطالعہ کرتے تھے۔ اس طرح ایک کتاب ختم ہونے میں خاصا وقت لگتا تھا۔ شفیع جاوید کی زندگی کے ان تمام تر جزئیات کا بیان صفدر امام قادری نے بہترین طریقے سے کیا۔

صفدر امام قادری نے پروفیسر وہاب اشرفی کا جو خاکہ لکھا وہ بھی بہت خوب ہے۔ کیوں کہ اس میں جہاں اشرفی کی ذاتی زندگی ہمیں متوجہ کرتی ہے، وہیں لکھنے پڑھنے والوں سے ان کی محبت بہت کچھ بیان کرتی ہے۔ اس کے علاوہ اس خاکے میں صفدر امام قادری کی طالب علمانہ زندگی کی بھی وضاحت ہوتی ہے اور ایسا محسوس ہوتا ہے کہ صفدر امام قادری کے اندر بیباکی بہت پہلے سے ہی موجود ہے۔ ایک سمینار میں قاضی عبدالودود پر مسعود حسین نے مقالہ پڑھا جس میں بہت زیادہ گہرائی نہیں تھی۔ خاکے میں وہ اسی سیمینار کے متعلق لکھتے ہیں:

> ''میں نے یہ بھی عرض کیا کہ مسعود حسین خان نے قاضی عبدالودود کی صرف چند اور فلاں فلاں تحریریں پڑھ کر تمام تحقیقی مضامین کے تعلق سے فیصلہ کردیا۔ مسعود حسین خان نے جتنی دیر میں مقالہ پڑھا، مجلس صدارت نے بلا شبہ اس سے دوگنا وقت مجھے اظہار تاثرات کے لیے عطا کردیا۔ میری تقریر کے بعد وہاب اشرفی مائک پر تشریف لائے اور انھوں نے یہ اعلان کیا کہ مسعود حسین خان اپنے مقالے کے سلسلے میں سوالوں کے جواب دیں۔ مسعود حسین خان اپنی جگہ تمتماہوئے بیٹھے رہے۔''

مذکورہ اقتباس میں دو چیزیں قابل توجہ ہیں۔ اول یہ کہ صفدر امام قادری کے اندر مطالعے کی عادت بہت پہلے سے ہے اور وہ مطالعہ، مطالعہ کی طرح کرتے ہیں۔ گہرائی سے پڑھتے ہیں اور پڑھی ہوئی چیزیں انھیں ازبر ہوتی ہیں۔ دوسری بات یہ ہے کہ وہاب اشرفی چھوٹوں کا اعتراف کرتے ہوئے جھجکتے نہیں تھے۔ یہی وجہ ہے کہ انھوں نے بھری محفل میں صفدر امام قادری کے سوالات کو سراہا اور مسعود حسین کے مضمون کو ناقص قرار دیا۔ اس طرح صفدر امام قادری نے اس خاکے میں بہت سے علمی واقعات کو حسین انداز میں

بیان کیا، جس سے نہ صرف ایک ادبی فرد سامنے آتا ہے بلکہ ادبی عہد بھی واضح ہوتا ہے۔

تنقید نگار اگر نثری تخلیقات پر توجہ مبذول کرتا ہے تو اکثر تنقید والی سختی ناقد کی تخلیق میں راہ پانے لگتی ہے۔ یہی وجہ ہے کہ بہت سے ناقدین کی تخلیقات ادب میں مقام نہیں بنا پاتی ہیں۔صفدر امام قادری بنیادی طور پر ایک ناقد ہیں، یہ الگ بات ہے کہ انھوں نے کچھ افسانے بھی لکھے ہیں۔لیکن بعد میں انھوں نے افسانہ نگاری سے قطع تعلق کرلیا اور تنقید کو پورا وقت دیا۔اس لیے ان کی ناقدانہ حیثیت زیادہ مسلم ہے۔ صفدر امام قادری کی یہ بڑی فن کاری ہے کہ انھوں نے اپنے خاکوں کو تنقید کی سختی سے محفوظ رکھا۔یہی وجہ ہے کہ ان کے خاکوں کا دبا دبا احساس ہمیں مشرقیت سے ہم آہنگ کرتا ہے۔ کیوں کہ ہمارے سماج میں بڑوں کی تعظیم کا ایک الگ ہی نظریہ ہے۔خاکوں میں تعظیم اور رقت آمیزی کا بڑا عمل دخل ہوتا ہے۔خاکہ نگار نے اپنے تمام خاکوں میں تعظیم، رقت آمیزی اور عاجزی کا خیال رکھا ہے۔صفدر امام قادری نے زندہ لوگوں پر خاکہ نہیں لکھا۔یہی وجہ ہے کہ ان کے خاکوں کی متعلقہ شخصیت یا تو استاد ہیں یا پھر استادِ معنوی۔استادی اور شاگردی میں تعظیم کے پہلو کا خاصا عمل دخل ہوتا ہے۔شفیع جاوید، والد محترم، پروفیسر وہاب اشرفی اور پروفیسر ناز قادری وغیرہ پر لکھتے وقت صفدر امام قادری نے اُن باتوں پر زیادہ توجہ مبذول کی جن میں شفقت ومحبت کا معاملہ ہو۔کیوں کہ ان شخصیات نے صفدر امام قادری کی زندگی پر غیر محسوس طریقے سے بہت سے اثرات مرتب کیے۔گویا ان کی حیثیت استادِ معنوی اور اصلی کی سی نظر آتی ہے۔

ڈاکٹر صفدر امام قادری کے خاکوں کی انفرادیت کے ضمن میں کہا جاسکتا ہے کہ وہ شخصیات کے مزاحیہ پہلوؤں کو ابھارنے پر توجہ مبذول نہیں کرتے۔حقائق کے بیان اور حقائق کے متعلقات سے عملی زندگی کے لیے سبق حاصل کرنے کی کوشش کرتے ہیں۔خاکوں کی قرأت کے دوران محسوس ہوتا ہے کہ انھوں نے شاید دانستہ طور پر مزاحیہ پس منظر سے خود کو الگ کیا ہے۔اس کے علاوہ وہ طویل خاکہ لکھنے میں یقین رکھتے ہیں۔یہی وجہ ہے کہ ان کے خاکوں میں بیک وقت متعدد ادبی اصناف کے رنگ ابھرتے ہیں۔افسانوی مکالموں کی بنیاد پر وہ کسی خاکے کو طویل کرنے والی حکمتِ عملی گریز کرتے ہیں اور وہ ٹھوس بیانیہ سے متعلقہ شخصیات کی زندگی کے نمایاں پہلوؤں کو بیان واضح کر دیتے ہیں جس سے شخصیت مکمل آب وتاب کے ساتھ جلوہ گر ہوتی ہے اور ان کے زندگی جینے کا سلیقہ آئینہ بن کر سامنے آتا ہے جس میں قاری اپنی زندگی کا عکس دیکھ لیتا ہے اور خود اپنی زندگی سے ان واقعات کا موازنہ کرتا ہے۔اس طرح عظیم لوگوں کی زندگی سے زندگی جینے کا سلیقہ مستعار لیتا ہے۔گویا ان کے خاکوں کی شخصیات خاموش مصلح کا فریضہ بھی انجام دیتی ہیں۔

اس میں شک نہیں کہ اردو خاکہ نگاری میں مجتبیٰ حسین کی حیثیت مسلم ہے اور انھوں نے لازوال

خاکے لکھے،مگران کے خاکوں کی انفرادیت دراصل ان کے طنزیہ اسلوب میں ہی پوشیدہ ہے۔اگران کے طنزیہ معاملات کوخاکوں سے الگ کردیا جائے توشایدان کے یہاں کوئی دل چسپی کا سامان نہ بچے گا۔صفدرامام قادری نے طنزیہ اورمزاحیہ پہلوؤں سے اجتناب کرتے ہوئے بھی اپنے خاکوں میں ایسی دل چسپی پیدا کردی ہے جو دیگر خاکہ نگاروں کے یہاں نظرنہیں آتی ہے۔کلیم عاجز نے بھی بہت سے خاکے لکھے مگرانھوں نے جملوں کی تکرار سے اپنی تحریروں کو بدمزہ کردیا ہے۔ان کی تنقید میں جملوں کی کثرت سے تکرار پیدا ہوگئی ہے۔یہی وجہ ہے کہ ان کے خاکوں اورتنقید کا رنگ بھی دھندلا ہوجاتا ہے۔صفدرامام قادری نے اپنے خاکوں کو نہ صرف تکرار سے بچایا بلکہ افسانوی فضا سے بھی۔انھوں نے شخصیات کے اردگرد رہتے ہوئے ٹھوس حقائق سے ٹھوس بیانیہ تیار کیا ہے۔ان کا اسلوب تحریر خاکوں میں بدلتا نہیں ہے۔وہ غیرضروری طور پر استعارات سے کام نہیں لیتے ہیں اور نہ ہی تشبیہوں سے اپنی نثر کو شاعرانہ نثر بناتے ہیں۔ان کی سب سے بڑی خوبی یہ ہے کہ شخصیات کو ثانوی حیثیت سے پیش نہیں کرتے ہیں۔خاکوں کی روایت پر نظر ڈالنے سے اندازہ ہوتا ہے کہ بہت سے خاکہ نگاروں نے فن کاری اور زبان دانی کا مظاہرہ کرنے کے لیے شخصیات کو خاکوں سے غائب کردیا اور ضمنی طور پر بہت سے واقعات کو پیش کردیا۔صفدرامام قادری کے خاکے طوالت کے باوجود متعلقہ شخصیات کے اردگرد ہی گھومتے ہیں۔گویاارتکاز،حقائق بیان اورٹھوس اسلوب ان کے خاکوں کی انفرادیت ثابت کرتا ہے۔

◄◄ ● ►►

● تفضیل احمد

مرحلہ دشت میں اک عہد کی تعمیر کا تھا......ڈاکٹر منظر اعجاز

ادب میں بہ استثنائے چند عموماً تمام اہل قلم، نظم ونثر دونوں اصناف کو اپنی کشت تحریر بناتے ہیں۔لیکن عام مشاہدہ یہ ہے کہ جب ان کے فکری سرمائے کی قدر و قیمت کے تعین اور محاسبے کا مرحلہ پیش آتا ہے تو ناقدین وقت زیادہ تر ان کے شہرت یافتہ پہلو کو ہی مدنظر رکھتے ہیں۔دیگر اصناف میں انہیں ویسی خاطر خواہ اہمیت نہیں ملتی جس کے وہ بجا طور پر مستحق ہوتے ہیں۔پروفیسر سید منظر اعجاز کی تخلیقی جہت بھی کچھ اسی روش کا شکار نظر آتی ہے۔

اردو کے حالیہ انتقادی ادب میں منظر اعجاز اپنی قابل ذکر پہچان کے ساتھ ایک نمایاں مقام پر فائز ہیں۔وہ اپنے مخصوص طرز تجزیہ، انداز تفہیم اور رواں دواں تبصروں کے سبب خاصے معروف بھی ہیں۔عام قاری اس بات سے کم واقف ہوں گے کہ ان کی ادبی زندگی کا آغاز شاعری سے ہی ہوا تھا، اور ہنوز یہ کافر منھ سے لگی ہوئی ہے۔کچھ عرصہ بعد وہ افسانہ نگاری کی طرف بھی مائل ہوئے اور تقریباً دس افسانوں کی اشاعت کے دوران ہی وہ ادبی صحافت سے منسلک ہو گئے۔رسالہ 'انجو' (۱۹۷۷ء) اور رسالہ 'انعکاس' مظفر پور کے فراق نمبر (۱۹۸۳ء) تک کئی سنگ میل نصب کرنے کے بعد انہوں نے اردو میں پی ایچ ڈی کی سند حاصل کی اور بہار یونیورسیٹی سروس کمیشن کے ذریعہ منتخب ہو کر ۱۹۹۲ء میں ایس یو کالج، ہلسہ (ضلع نالندہ) میں درس و تدریس کی ذمہ داریوں میں مشغول ہو گئے۔یہ فضا انہیں بہت راس آئی، جہاں طبیعت اور ماحول کی مناسبت سے انہوں نے تنقید نگاری کی دنیا میں قدم رکھا۔پھر تو یہ حال ہوا کہ تنقید و تجزیہ کو ہی اپنا اوڑھنا بچھونا بنالیا۔البتہ انہی کے لفظوں میں وہ "شاعری کی وفا شعاری سے ہمیشہ زیر بار بھی رہے۔" فرماتے ہیں۔

سفر پہ نکلا تو عزم سفر پہ رکھی نگاہ نہ میں فال نکالی نہ استخارہ کیا

چار دہائیوں سے زیادہ طویل اپنی ادبی جنوں خیزی میں تقریباً ۱۵ رکتابوں کی صورت میں فکری روشنائی کی نہریں بہانے والے تیشہ گر کی صرف ایک سبیل "ورق ورق اجالا" کی شکل میں شعری آبجو کا نمونہ بن کر ۲۰۰۹ء میں جاری ہوئی۔ان کی تنقیدی نگارشات سے کمیت میں مقابلتاً قلیل ہونے کے باوجود ۶۴ ر غزلوں پر مشتمل یہ مجموعہ اپنی کیفیت کے اعتبار سے اہل ذوق کی دعوت قلب ونظر کا خاصا سامان رکھتا ہے۔

یہ بات کہی جاسکتی ہے کہ منظر اعجاز کی تنقید جہاں ایک طرف دوٹوک، غیر جذباتی، تاویلاتی اور تفہیمی تحریر کی نمائندہ ہوتی ہے، وہیں ان کی شعری کاوشوں کا خمیر گہرے احساس وجذبات، تخیل وتفکر اور زندگی کی ناہمواریوں کے فنی مشاہدے سے اُٹھا ہے۔ان کا شعری اسلوب بھی مروجہ زمانے کی روش سے ہٹ کر ایک مرصع زبان سے بنا ہے جو قاری کو ایک ایسی کلاسیکی، فارسی آمیز، اضافتوں سے مزّین اور فلسفہ رُنگ دنیا ہے سے روبرو کراتا ہے جسے آجکل ماضی کا اثاثہ سمجھا جانے لگا ہے۔مزے کی بات یہ ہے کہ منظر اعجاز کے یہاں یہی طرزِ سخن نئے تخلیقی پیرائے اور فنی حسن کے پیرہن میں جگمگا رہا ہے۔۔یہاں یہ بات بھی قائم نہیں رہتی کہ مشکل زبان تنقید نگاری کو زیادہ راس آتی ہے۔منظر اعجاز نے معمولی زبان سے اجتناب کرتے ہوئے فارسی لفظیات کو اپنی شاعری میں امتیاز عطا کرنے کی کوشش کی ہے۔ایسا بھی نہیں کہ وہ اس طرز کو ہمیشہ اپنا وطیرہ بنائے رہتے ہیں بلکہ اظہار کی ضروریات اور موقعے کی مناسبت سے سادہ اور سلیس انداز بھی اپناتے ہیں۔

منظر اعجاز کے شعری اسلوب کی تعمیر میں شعوری یا لاشعوری طور پر وسعت مطالعہ کا گہرا اثر پڑا ہے ۔وہ بیک وقت روایت، کلاسیکیت، عہد اقبال، ترقی پسندی اور جدیدیت تمام رجحانات ورویوں سے مسلسل استفادہ کرتے ہوئے حسبِ خاطر لفظوں اور موضوعات کا انتخاب کرتے ہیں۔

بیاں کا حسن نہاں حرف کے لباس میں ہے	جوازِ معنیٰ امکان ہے بہ رنگ نظر

منظر اعجاز کے ذہنی اور فکری پس منظر کی تعمیر کا مجموعی جائزہ لیا جائے تو جن عناصر اور حالات نے اس میں نمایاں کردار نبھائے ہیں ان میں بچپن کی جھیلی ہوئی محرومیاں، والدہ کی علمی، صوفیانہ اور خوددار مزاجی ،صبر وقناعت اور پُرتحمل تربیت، اسلامی ماحول اور اس کے ساتھ بے سایہ دھوپ کا کڑا سفر جیسے عوامل شامل رہے ہیں ۔ان سب کے زیر اثر جو نفسیاتی اور علمی شخصیت تیار ہوئی اس میں متانت اور سنجیدگی ،انکساری، قوت برداشت، حق گوئی، مزاحمت اور جد وجہد کی روش، رکھ رکھاؤ اور علم وادب کی شدید پیاس جیسی خصوصیات نے جگہ بنالی۔مزید یہ کہ چند ادبی دوستوں کی صحبتیں بھی ان کی شخصیت کو دوآتشہ بنانے کا سبب بنیں جن میں بطورِ خاص ظفر عدیم اور ڈاکٹر مرتضیٰ اظہر رضوی کے نام لیے جاسکتے ہیں۔

منظر اعجاز کی غزلیں حقیقت ومجاز اور گمان اور یقین کے دو ساحلوں کے درمیان ہم آہنگی ،توازن، مفاہمت اور اعتدال کی تلاش کی غزلیں ہیں ۔ یہ غزلیں انسان دوستی کے جذبے سے مزّین ،تضادات میں سانس لیتی زندگی کی بےاعتدالیوں کی کشاکش، قدروں کی پاسپانی کا مرحلہ، آب وسراب کی دورنگیوں سے نبرد آزما ہیں۔وہ ہر جگہ اپنے زندہ اور موجود ہونے کا احساس دلاتے جاتے ہیں۔البتہ قاری کو ہر بیانیے کے پیچھے ایک وسیع محزونی کی فضا کا تجربہ بھی ہوتا رہتا ہے۔

نشیب کون ومکاں میں منظر فراز منزل کو سوچتا ہوں — یہ حوصلہ خود کو دے رہا ہوں تسلسل ارتقا نہ ٹوٹے
تہذیب کر رہا ہوں شعورِ جمال کی — ترتیب دے رہا ہوں دلِ خودنگر کا رنگ
میں ایک قطرۂ شبنم ہوں صفحۂ گل پر — شعاعِ نور ملی ہے تو کچھ ثبات ملے

ظفر عدیم ان کی شاعری کے متعلق رقم طراز ہیں۔

''منظر اعجاز کی شاعری موجِ تہ آب اور تحریر بین السطور کی صورت منظر سے نہیں پسِ منظر سے ابھرتی ہے۔ جسے دیکھنے، سمجھنے کے لیے تھوڑا رکنا، ٹھہرنا ضروری ہے۔ منظر اعجاز کی فکر قطرۂ نیساں کی طرح صدف میں دھیرے دھیرے گہر بنتی ہے۔ اس لیے اس کی آب و تاب کو محسوس کرنے کے لیے یکسوئی کی ضرورت ہے۔''

اس اظہارِ خیال کے سلسلے میں مندرجہ ذیل چند اشعار دیکھیں۔

آیا ہوا کا جھونکا تو ویران ہو گئیں — تھیں سطحِ آب پر جو حبابوں کی بستیاں
منظر طلوعِ صبح کا آنکھوں میں بھر گیا — شب کتنی خوشگوار تھی عرفانِ ذات کی
پہلے دیکھے گئے آشفتہ سری کے احوال — پھر مجھے سونپی گئی دشتِ جہاں کی تعمیر

منظر اعجاز یاسیت اور رجائیت کے مابین اپنی موجودگی کو معتدل رکھنے کی تگ ودو میں ایک طرف خود سے بھی برسرِ پیکار ہوتے ہیں تو دوسری طرف مختلف پسِ منظروں میں منہمک رہتے ہیں۔ یہ کوشش کیفیات اور حالات سے اخذ کی ہوئی تخلیقیت کا رنگ بھی جماتی ہے۔

بلندیوں پہ ہو تعمیر قتل گاہ کوئی — کہ میرے قد کے برابر فصیلِ دار نہیں
خودی کے سوز سے خالی جو سازِ جاں ہوتا — عجب نہیں کہ میں گم کردۂ نشاں ہوتا
سر میں سما رہا ہے نئی آگہی کا درد — پھر پھیلنے لگی ہیں حدیں ممکنات کی

پروفیسر وہاب اشرفی نے منظر اعجاز کا شعری تجزیہ کرتے ہوئے ان کی شاعری کو Paradox,Irony اور Contradiction کی شاعری قرار دیا۔ جس سے یہ گمان گزرتا ہے کہ منظر اعجاز کا فن غزل گوئی غیر واضح اور بے معنویت کا شکار ہے۔ یہ الفاظ انسانی زندگی کی معکوس اور منفی باتوں کی طرف اشارہ کرتے ہیں۔ جبکہ اس طرح کا فنی سقم ان کے یہاں نہیں ملتا۔ لیکن آگے چل کر وہاب اشرفی نے اپنی بات کی صراحت کرتے ہوئے لکھا۔

''(منظر اعجاز) کے یہاں Contradiction کا اجتماع اور ادغام عام ہے۔ وہ سامنے کے لفظوں سے Irony کی کیفیت پیدا کرنے میں بے حد چابکدست

ہیں۔'' پھر مزید لکھتے ہیں۔'وہم و اعتبار اگر یکجا ہو جائیں تو جو چیز سامنے آئے گی وہ دونوں پر یقین رکھے گی چاہے ان کی جگہ بدل دی جائے۔''

یہ حقیقت ہے کہ حیات انسانی نا موزونیت، غیر آہنگی اور تضادات سے مل کر ہی مکمل ہوئی ہے۔لیکن یہی چیزیں تعمیری اور تخلیقی حسوں کو جگاتی بھی ہیں۔لہٰذا فنکاری یہ نہیں کہ متضاد لفظوں کو یکجا کر کے چھوڑ دیا جائے بلکہ ان کے استعمال سے وہ کیفیت پیدا کی جائے کہ قاری بھی اس احساس سے لطف اندوز ہو سکے۔

منظر اعجاز کے یہاں صنعت تضاد کا رنگ لفظی سطح سے گزر کر معنوی سطح پر نمایاں ہو جاتا ہے۔

تو اپنے پردے کی خاطر نہ مجھ کو عریاں کر ترے ہی غیب کا امکان ہے ظہور مرا
آئی نہ آج تک وہ حریم قیاس میں شبنم کی شعلگی ہے جو پھولوں کی پیاس میں
قہقہہ زاروں میں ہے آج بھی وہ خندہ لبی زیرِ لب دل کے سسکنے کی صدا آج بھی ہے

''ورق ورق'' کے مطالعے سے شاعر کے تین واضح رجحانات کی موجودگی کا احساس ہوتا ہے۔اول تو مذہبی پسِ منظر کی وجہ سے فلسفۂ اقبال کے گہرے اثرات قبول کرنا، دوم درس و تدریس کی ضروریات کے تحت ترقی پسند ادب کے لگاتار افہام و تفہیم کے سبب فیض احمد فیض اور جمیل مظہری سے متاثر طرز فکر و فن کا تانا بانا بُننا، سوم ادبی دنیا میں قدم رکھنے کا زمانہ، جدیدیت کے نمایاں اثرات اور اس کی زوال آمادہ صورت کا زمانہ تھا جس سے شوق مطالعہ کے سبب رو برو ہوتے رہنا۔لہٰذا یہ تینوں پہلو ہی ان کی سخن کاری میں نہ صرف جستہ جستہ اپنی بہاریں دکھاتے ہیں بلکہ اکثر اوقات انجذاب اور تحلیل ہو کر ایک انفرادی طرز اظہار کا خوبصورت نمونہ بھی بنتے ہیں۔اسلوب کی تعمیر کے لیے وہ فیض کی مانند علامت اور استعارہ سازی کی جوکھم میں نہیں پڑتے بلکہ معیاری لفظیات کی مدد سے اپنی بات کہہ دیتے ہیں۔وہ علامہ اقبال کی مخصوص علامتوں اور لفظوں کو ضرور استعمال کرتے ہیں لیکن ان کے فلسفے سے کچھ ہٹ کر جمیل مظہری کی طرز فکر کو اپنا سلیقہ بناتے ہیں۔ان کی غزلوں سے چنندہ الگ الگ رنگوں کو مندرجہ ذیل اشعار میں دیکھا جا سکتا ہے۔رنگ اقبال:

تو متاعِ اختراعِ جلوۂ ذات خودی اندر آئینے کے بھی، آئینے کے باہر بھی
دلِ یزداں دھڑکتا ہے مرے انفاس کی لے میں زمیں پر میں ہوں لیکن گونج میری آسماں پر ہے
اس کا امکان نہیں سوزِ بلالی کے بغیر کعبۂ عشق میں ہو صوتِ اذاں کی تعمیر
نگاہِ نور تری، جلوہ زار طور مرا ترے خیال سے ٹکرا گیا شعور مرا
حرفِ خدا کا حسن ہے سوز خودی کا کرب یہ جانے وہ جو جھیلے کبھی آگہی کا کرب

ترقی پسند انداز:

تیرے کرشمے میں نے دیکھے تو بھی تماشا دیکھ مرا تول رہا ہوں پلک پلک پر عکس اس آئینہ خانے کا

منزلیں جاگ اُٹھیں چونک کے خود راہوں میں   سیلِ رفتار سے ہر سنگ نشاں ٹوٹ گیا
اک سعیِ لا حاصل کے سوا منزل کی تمنا کیا ہوگی   جب ذوقِ سفر بیدار نہیں جب پاؤں جنوں رفتار نہیں

جدیدیت کے اثرات:

خوشبوؤں کو کھرچ کے سانسوں میں   زرد موسم گلاب کا جھیلوں
سفر طویل ہے کب تک میں اس سفر میں رہوں   یہ وہ جگہ ہے جہاں سمتیت بھٹکتی ہے
ریزہ ریزہ ہوئے تابندہ خیالوں کے ورق   تیرگی چاٹتی جاتی ہے اُجالوں کے ورق

منظر اعجاز تہذیبی اور اخلاقی قدروں کے بھی امین ہیں اور ان کی شکست وریخت سے دل برداشتہ بھی ہوتے ہیں ۔ایک جانب ان کے قلم میں تنقیدی تجزیے کی قوت ہے تو دوسری جانب وہ قوت متخیلہ کی توانائیوں سے بھی خوب کام لیتے ہیں ۔لہٰذا وہ مضامین اور موضوعات کو برتنے کے لیے نئی تشکیلات کا کام سامنے کی لفظیات سے ہی لیتے لیتے ہیں اور اپنا مافی الضمیر بہ آسانی بیان کر جاتے ہیں۔

مسئلہ خواب کا منظر تو کہیں تھا ہی نہیں   مسئلہ جو بھی تھا وہ خواب کی تعبیر کا تھا
آخر کار پڑے کہنہ فصیلوں میں شگاف   جدّتیں اُبھریں جہاں بھی نئی تشکیلوں میں
اُفق پہ پھیلے گی کیسے ردائے رنگ شفق   دھواں دھواں سا اگر حلقۂ سحر میں رہوں
کون سی شے تھی جو سنّاٹے کا دل چیر گئی   چونک کر جاگ پڑا چین سے سونے والا

مجموعی طور پر منظر اعجاز کی غزلوں کے متعلق اتنی بات ضرور کہی جاسکتی ہے کہ وہ کسی ایک عہد یا رجحان کی موضوعاتی نمائندگی سے اپنے کلام کو محدود نہیں کرتے بلکہ ان کا دائرۂ فکر تقریباً پورے اردو ادب کی زرخیزیوں کو خود میں سمیٹ لینے کی سعی سے عبارت ہے۔ جہاں وہ انسانی ہمدردی کے بہاؤ میں عالمی نابرابری کو نشانہ بنانے سے نہیں چوکتے وہیں وہ مقامی سطح پر زندگی کی ستم ظریفیوں اور ظلم واستحصال کے خلاف بھی صدائے احتجاج بلند کرتے ہیں ۔ان سب کے ساتھ ساتھ وہ عرفانِ ذات اور داخلیت کے مراحل سے بھی بحسن وخوبی عہدہ برآ ہوتے ہیں۔اس طرح جو کینوس ''ورق ورق اُجالا'' کے پیکر میں برش ہوا ہے اس میں جذبۂ تخلیق نے طرح طرح کے رنگ بھر دیے ہیں۔انہوں نے غزلوں کے علاوہ نظمیں اور قطعات بھی کہے ہیں لیکن وہ شاعری کو خاطر خواہ وقت نہیں دے پاتے۔

روح مانوس تھی خوشبو سے جو بدلی نہ کبھی   رنگ گرچہ گل و لالہ نے بھی اکثر بدلے

◄◄ ● ►►

● ڈاکٹر شاذیہ کمال

عبد الصمد کے ناول ''جہاں تیرا ہے یا میرا'' کا تنقیدی مطالعہ

اردو فکشن کی دنیا میں عبد الصمد کا نام تعارف کا محتاج نہیں ہے۔ انہوں نے افسانوی ادب کی دو اہم صنفوں ناول اور افسانہ دونوں پر قریب ایک ہی توجہ کے ساتھ اپنی نگاہ اور نظر صرف کی ہے۔ وہ اپنے شہرۂ آفاق ناول ''دو گز زمین'' سے مشہور ہوئے۔ یہ ان کا پہلا مگر مقبول ترین ناول تھا۔ ''دو گز زمین'' دراصل ہندوستان کی آزادی سے قبل سے لے کر بنگلہ دیش کے قیام تک کے عہد کے برصغیر میں مسلمانوں کے معاشرتی، سماجی، سیاسی حالات اور ان کی دربدری کی صورت حال کو منعکس کرتا ہے۔ ۱۴/اگست ۱۹۴۷ء کو پاکستان کا قیام عمل میں آیا مگر معاشرتی، لسانی، علاقائی اور ثقافتی اعتبار سے مغربی پاکستان (موجودہ پاکستان) اور مشرقی پاکستان (موجودہ بنگلہ دیش) دو الگ الگ خطے تھے۔ جغرافیائی اعتبار سے یہ دونوں ایک دوسرے سے کوسوں دور تھے۔ مشرقی پاکستان میں بنگالی اور مہاجرین (بنگالی وہاں کی اصل عوام اور مہاجرین ہندوستان سے ہجرت کر کے گئے ہوئے لوگ) دو الگ قومیں تھیں۔ گرچہ ان کا مذہب ایک تھا، رسول ایک تھا، شریعت ایک تھی۔ مگر ان کے ذہنوں میں جو فرق تھا وہ فرق کسی گہری کھائی سے کم نہ تھا۔ اور اس سبب سے دنیا نے ان کے بیچ جنگ کا جو خونی نظارہ دیکھا وہ نظارہ آج بھی تاریخ کے صفحوں میں بند ماتم کر رہا ہے۔ مگر فائدہ اس سے یہ ہوا کہ اس خونی کھیل کے بعد ۲۶/مارچ ۱۹۷۱ء میں دنیا کے نقشے پر ایک ملک نمودار ہوا جس کی زبان بنگالی تھی۔ ان کی اپنی رہائش اور اپنی منفرد تہذیب و ثقافت تھی۔ اسے آزادی حاصل کرنے میں ہندوستان کی حمایت حاصل رہی تھی۔ اس میں کتنی جانیں گئیں اور کس کس طرح کی دہشت، وحشت اور خوف و ہراس کا لوگوں نے سامنا کیا، کس کا کیا لٹا اور کس کا کیا بچا ان تمام باتوں کی واضح عکاسی موصوف کے ناول ''دو گز زمین'' میں کی گئی ہے۔ ظاہر ہے یہ ایک سنجیدہ مگر اہم اور دلچسپ موضوع تھا جس نے اس ناول کو کامیابی کی ضمانت دے دی۔ اپنی اشاعت (۱۹۸۸ء) کے ساتھ ہی اس ناول نے اردو دنیا (برصغیر) کو پوری شدت کے ساتھ اپنی جانب متوجہ کیا۔ اسے حکومت ہند کے ساہتیہ اکیڈمی ایوارڈ سے نوازا گیا۔ اس کے بعد یکے بعد دیگرے متواتر ان کے کئی ناول منظرِ عام پر آتے گئے۔ ان ناولوں کے نام

ہیں۔مہاتما(۱۹۹۲ء)،خوابوں کا سویرا(۱۹۹۴ء)،مہاساگر(۱۹۹۶ء)،دھمک(۲۰۰۴ء)،بکھرے اوراق (۲۰۱۰ء)، شکست کی آواز (۲۰۱۲ء)، اُجالوں کی سیاہی (۲۰۱۵ء) اور "The Journey of Burning Boat"(۲۰۱۲ء)۔موصوف نے کہانی کی مختصر شکل افسانہ نگاری میں بھی خاصا نام حاصل کیا۔ان کے چھ افسانوی مجموعے اب تک شائع ہو چکے ہیں۔ان کے نام ہیں۔(۱) بارہ رنگوں والا کمرہ (۱۹۸۰ء)، (۲) پسِ دیوار (۱۹۸۳ء)، (۳) سیاہ کاغذ کی دھجیاں (۱۹۹۰ء)، (۴) میوزیکل چیر (۱۹۹۶ء)، (۵) آگ کے اندر راکھ(۲۰۰۰ء)اور(۶) بہ قلم خود(۲۰۱۶ء)۔ان کے بہترین افسانوں کا مجموعہ''عبدالصمد کے منتخب افسانے''(۲۰۱۴ءمرتب محسن رضا رضوی اور افسانہ خاتون) شائع ہو چکا ہے۔ فکشن کے علاوہ غیر افسانوی ادب خاکہ نگاری کی جانب بھی انہوں نے اپنی توجہ مرکوز کی ہے۔ان کے خاکوں کا ایک مجموعہ''دل میں رہے مقیم''(۲۰۱۴ء) چھپ کر منظرِ عام پر آ چکا ہے۔موصوف علم سیاسیات کے اُستاد رہے ہیں اور سیاسیات سے متعلق بھی ان کی دو کتابیں سامنے آئی ہیں۔

مگر یہاں پر میرے ذکر کا موضوع ان کا نیا ترین ناول''جہاں تیرا ہے یا میرا'' ہے۔یہ ناول ۲۰۱۸ء میں شائع ہوا ہے۔عام طور پر کوئی بھی ناول ہو اس کی سرزمین بڑی طویل ہوتی ہے اور جس ناول میں پیچیدگی اور طوالت جتنی زیادہ ہوتی ہے وہ ناول اتنا ہی ہمہ گیر بن جاتا ہے۔''جہاں تیرا ہے یا میرا'' کا مطالعہ بتاتا ہے کہ یہ ناول بہت سارے مسائل (جن کا تعلق ہندوستانی مسلمانوں سے ہے) اور ان کے پیچیدہ حالات کا چشم دید گواہ ہے۔پورا ناول ۵۵ مختصر وطویل اکائیوں میں منقسم ہے اور یوں لگتا ہے کہ اس کی ہر اکائی ایک مکمل کہانی ہے جس میں حقیقت کے مختلف رنگ شامل ہیں۔مگر ہر اکائی ایک دوسرے سے اس طرح مربوط ہے کہ اس کا ایک حصہ دوسرے کے بغیر ادھورا ہے۔ یہ ناول اپنے موضوعات، کردار نگاری اور انداز بیان کے اعتبار سے اہم ہے۔ جہاں تک موضوع کا سوال ہے اس میں جلدی کسی تفریحی نکتے کو جگہ نہیں ملی ہے۔بلکہ اس میں ایسے سلگتے ہوئے مسائل پر بات کی گئی ہے جو بدقسمتی سے ہندوستانی مسلمانوں کے حصے میں در آئے ہیں۔ان میں بے روزگاری سب سے بڑا مسئلہ ہے مگر اس سے بھی بڑے کئی دوسرے مسائل ہیں جنہوں نے مسلمانوں کو دیگر قوموں بشمول خود کی نظروں میں ذلیل وخوار بنا دیا ہے۔یہ اپنی زندگی ہی میں فوت ہو چکے ہیں۔ان مسائل نے مسلمانوں کو ایک ایسی کھائی میں گرا دیا ہے جہاں سے نکلنا خود ان کے لیے بڑا چیلنج ہے۔غریبی، مفلوک الحالی اور جہالت تو مسائل ہیں ہی مگر ذلت پسندی، سستی، کاہلی، نئی نسل کا تعلیم سے دوری، غلط عادات واطوار اور مذہب سے بیزاری ایسے عوامل ہیں جنہوں نے خود ان کی نظروں میں ان کی شناخت کو ختم کر دیا ہے۔ان کی آنکھوں پر دھند کا ایک ایسا پردہ پڑ چکا ہے کہ جس سے ان کے شعور کی تمام راہیں مفقود ہو چکی

ہیں۔ دنیا میں ہندوستانی مسلمانوں کا تعارف پست حال اور قابلِ رحم قوم کے طور پر کیا جاتا ہے۔ نہایت قابلِ افسوس بات یہ ہے کہ دہشت گردی جیسے جرم کو مسلمانوں سے ہی جوڑ کر پیش کیا جا رہا ہے۔ یہ اس قوم کا المیہ ہی ہے کہ مسلم مخالف قومیں مسلمانوں کی شبیہہ کو مزید بگاڑنے پر کس قدر مستعد ہیں۔

یہ ناول دراصل ہندوستانی مسلمانوں پر کیا گیا discourse ہے۔ اس سے مصنف کی فکر اور ان کے خلوص کا بھی پتہ چلتا ہے کہ انہوں نے مسلمانوں کے انتہائی اہم مسائل کو اپنے ناول کا موضوع بنایا ہے اور ظاہر ہے اس طرح کا ناول وہ مخلص قلم کار ہی لکھ سکتا ہے جس کے دل میں ذرہ برابر بھی قوم سے ہمدردی کا جذبہ موجود ہو۔ جن مسائل اور مجبوریوں کو موضوع بنایا گیا ہے ان کا تعلق مسلمانوں کے متوسط بلکہ نچلے متوسط طبقے سے ہے۔ مسلم نوجوانوں کے بیچ بے روزگاری کا مسئلہ عام ہے اور یہ ناول کا مرکزی موضوع ہے۔ مصنف نے ہندوستانی مسلمانوں کی معیشت اور ان کے سلسلۂ روزگار کے باریک سے باریک نکتوں پر اپنی چشم بینی سے کام لیا ہے۔ پورا ناول ایک تعلیم یافتہ مختی نوجوان کا روزگار کے لیے دربدری کی صورت حال کو منعکس کرتا ہے۔ یہ ایسا موضوع ہے جو نایاب ہے نہ کم یاب بلکہ یہ ہر دوسرے تیسرے فرد کا قصہ معلوم ہوتا ہے۔ ایم-اے کر لینے کے بعد راشد جب ایک مقامی اقلیتی کالج میں بطور غیر مستقل استاد بحال ہوتا ہے تو وہاں کالج کے اندر کرپشن کا جو ماحول گرم ہے وہ سب اس کے سامنے آجاتا ہے اس سلسلے سے یہ اقتباس ملاحظہ فرمائیں۔

> ''راشد کے کانوں میں کسی نے پھونک دیا کہ اس بحالی میں سارے ممکنہ حربے آزمائے جائیں گے، پیسہ، پیروی اور بھی بہت سی ایسی چیزیں جو ہاتھوں ہاتھ اور اشاروں ہی میں طے کی جاتی ہیں۔ راشد نے اپنا محاسبہ کیا تو اس کے ہاتھ ایسے تہی دست تھے کہ ان میں لکیریں بھی اپنی آب و تاب کھو چکی تھیں۔ وہ ان سینئر سے ملا جنہوں نے دورانِ گفتگو آئین کی دفعات ۲۹/اور ۳۰/کا حوالہ دیا تھا۔ وہ صاحب قہقہہ لگانے لگے۔'' (ص ۱۳/)

اسی حوالے سے مصنف نے ہندوستانی مسلمانوں کی تاریخ نشاطِ ثانیہ کا بھی ذکر کیا ہے اور بیان کیا ہے کہ اسی پسِ منظر میں آئین ہند نے ہندوستانی مسلمانوں کو ۲۹/اور ۳۰/دفعات کے تحت خصوصی اختیار دیتے ہوئے انہیں اقلیتی ادارہ کھولنے اور چلانے کا اختیار دے رکھا ہے۔ مگر اس اختیار کے پسِ پشت اقلیتی اداروں کی جو حقیقت ہے اور وہاں کرپشن کا جو ماحول گرم ہے اسے مصنف نے طشت از بام کر ڈالا ہے۔ اس ناول میں جہاں مسلم نوجوان کی بے روزگاری، اس کے راستے میں جگہ جگہ پر حائل مشکلات، جدوجہد اور مشقتوں سے پُر زندگی کی داستان بیان کی گئی ہے مگر اس سے بھی زیادہ مسلم قوم کی جاہلیت، مغلوک الحالی اور خصوصاً ان کے جوان ہوتے بچوں کی بے راہ روی، تعلیم سے ان کی دوری، اخلاقی پستی اور برائیوں و جرائم

سے ان کی وابستگی کو آئینہ دکھایا گیا ہے۔ درج ذیل اقتباس میں یہ تصویر نظر آتی ہے۔ ملاحظہ کریں۔

ایک گارجین اپنے ماحول سے متعارف کراتے ہوئے راشد سے بولتے ہیں۔

''...... یہ کھنڈر مجرمانہ سرگرمی کے اڈے بن چکے ہیں۔ پورے محلے میں ایک بھی فرد ایسا نہیں جس نے میٹرک سے آگے تعلیم پائی ہو، ان کے میٹرک پاس کر جانے کی بھی ایک الگ کہانی ہے، زیادہ تر بچے بیکار ہیں، دن بھر تاش کھیلنے، گپیں لڑانے اور ایک دوسرے سے مارا ماری میں وقت گزارتے ہیں، رات بھر لوڈو اور کیرم کی محفلیں جمتی ہیں......'' (ص ۸۶)

اُس گارجین سے راشد پوچھتا ہے۔

''ایسا تو نہیں کہ انہیں سافٹ ٹارگٹ سمجھ کر شاطر مجرموں نے بھی انہیں اپنے مقاصد کی تکمیل کے لیے اپنا لیا ہو......؟ آخر ان بچوں کے پاس ہوٹل بازی اور گرل فرینڈس پر خرچ کے لیے پیسے کہاں سے آتے ہیں......؟''

گارجین اپنا شک ظاہر کرتے ہوئے بولتے ہیں۔

''میں حتمی طور پر تو نہیں کہہ سکتا، مگر آپ کا قیاس بعید از امکان بھی نہیں......؟''

ایک دو مکالمے کے بعد راشد نے ان کے شک پر وار کرتے ہوئے کہا۔

''معاف کیجئے گا، آپ میرے باپ کے برابر ہیں، کوئی سچ بات میرے منہ سے نکل جائے تو بُرا مت مانیے گا۔ آپ کی باتوں سے اندازہ ہوتا ہے کہ آپ کے بچوں کے پیسوں سے آپ کا باورچی خانہ بھی چلتا ہے اور آپ نے یہ جاننے کی کبھی کوشش نہیں کی کہ آخر وہ پیسے کہاں سے لاتے ہیں......'' (ص ۸۷)

بہت ساری برائیاں اور گندگیاں نچلے اور غریب طبقے میں سرایت کر گئی ہیں۔ دراصل غربت، جہالت، پست ماحول اور مذہب سے دوری انہیں زندگی کی حقیقت سے اتنا دور کر دیتے ہیں کہ انہیں اپنے چاروں اطراف صرف کوڑے کے ڈھیر نظر آتے ہیں مگر ان کی توجہ کبھی اس جانب نہیں جاتی کہ ''کنول پھول'' اور بہت سے قیمتی موتی کیچڑ کی ہی پیداوار ہوتے ہیں۔

متذکرہ بالا مسائل کے علاوہ ایک نہایت سنجیدہ اور اہم مسلہ دہشت گردی پر خصوصی توجہ مرکوز کی گئی ہے۔ یہ ایسا مسئلہ ہے جو حالیہ چند برسوں سے دنیا کا سنگین ترین اور نہایت اہم مسلہ بن کر رہ گیا ہے۔ اس مسلے کے موجد کچھ شر پسند عناصر اور اینٹی مسلم قسم کے لوگ ہیں۔ اس شر کی ترویج میں کچھ ملکوں کی خفیہ ایجنسیاں بھی کام کر رہی ہیں۔ یہ ایسا شر ہے جو بہت سارے شروں پر حاوی ہو گیا ہے اور اسے مسلمانوں سے

جوڑ کر پیش کیا جا رہا ہے۔ اس بات سے پوری طرح انکار بھی نہیں کیا جا سکتا کہ نام نہاد مسلمانوں یعنی اسلام کی بنیادی باتوں سے نا آشنا مسلمانوں نے بھی دہشت گردی کو کہیں کہیں اپنایا ہے اور وہ اپنی ناعاقبت اندیشی سے اسے جہاد قرار دیتے ہیں۔ مگر اس کے پسِ پشت سب سے بڑا المیہ یہ ہے کہ جہاں کہیں بھی اس طرح کی واردات رونما ہوتی ہیں اس کی سوئی صحیح یا غلط مسلمانوں کی جانب گھما دی جاتی ہے اور اس سبب سے ان گنت مظلوم مسلم نوجوان فوراً شک کے کٹھگھرے میں آ جاتے ہیں اور اپنے جرم ناکردہ کی سزا کے مرتکب قرار پاتے ہیں۔ اس مسئلے نے عالمی شکل اختیار کر لی ہے۔ نائین الیوین (۱۱ ستمبر ۲۰۰۱ء میں امریکہ میں ہوا دہشت گردانہ حملہ) کے بعد امریکہ کے سماجی حالات میں آئی تبدیلی کو مصنف نے خصوصیت سے پیش کیا ہے۔ یہ اب تک کا سب سے بڑا دہشت گردانہ حملہ ہے۔ اس میں یو-ایس-اے کی دو اہم عمارتیں ''ورلڈ ٹریڈ سنٹر'' اور ''پنٹا گون'' ہوائی حملے سے اڑا دی گئی تھیں۔ اور تین ہزار کے قریب بے قصور انسان بے موت مار دیے گئے تھے۔ ان میں سے سینکڑوں لوگوں کی موت تو جائے واردات پر ہی ہو گئی تھی۔ زخمی ہونے والوں میں سے بیشتر چند دنوں یا ماہ میں زخموں کی تاب نہ لا کر چل بسے۔ اس حملے میں جاں بحق ہونے والوں میں کچھ ایسے بھی تھے جن پر حملے کے سبب بعد میں سنگین بیماریاں حملہ آور ہوئیں اور انہوں نے بھی دنیا چھوڑ دی۔ مرنے والوں میں ایک بڑی تعداد سائنسدانوں، افسران اور اعلیٰ عہدیداران کی تھی۔ شاید یہ حملہ امریکی برین کو ختم کرنے کی کوشش تھی۔ مگر اس کے بعد امریکہ میں خوف و ہراس کا ماحول قائم ہوا اور وہاں کی سرزمین مسلمانوں کے لیے تنگ ہو گئی۔ اس کی سزا وہاں کے مقامی مسلمانوں کو بھگتنی پڑی۔ اور اب بھی وہاں کے مسلمان مقامی امریکن سے آنکھیں ملانے کی جلدی ہمت نہیں کر پاتے ہیں۔ یہ مسلمانوں کا المیہ نہیں تو اور کیا ہے جبکہ اسلامی رو سے ایک ناحق انسان کا قتل روئے زمین کے تمام انسانوں کے قتل کے مساوی ہے۔ اور خواہ دنیا کا کوئی مذہب ہو وہ دہشت گردی کی تعلیم نہیں دیتا۔ یہ تو کسی مخصوص ذہنیت کی اُپج ہے جنہیں انسان سے پیار ہوتا ہے نہ مذہب سے اور نہ ہی اپنی زندگی سے۔ ان کے لیے زندگی ہی بے کار شئے ہے تبھی تو یہ اس طرح کی حرکتیں انجام دیتے ہیں۔

یہ ناول بیک وقت مسلمانوں کے متعدد مسئلوں پر غور و فکر کے کئی نکتے فراہم کرتا ہے۔ اس میں مسلمانوں کی پریشانیوں اور ان کے مسائل پر افسانوی انداز میں اس طرح گفتگو کی گئی ہے کہ دورانِ مطالعہ نہ کسی قسم کی اکتاہٹ محسوس ہوتی ہے اور نہ ہی دل اُچٹتا ہے۔ دلچسپی اور تجسّس ہر جگہ قائم رہتے ہیں۔ مصنف نے وسیع اور گہرے مطالعے کے ساتھ ساتھ اپنے ذاتی تجربات و مشاہدات کو بروئے کار لاتے ہوئے ناول میں حقیقی رنگ بھرنے کی کامیاب کوشش کی ہے۔ اس ناول میں بڑا تضاد ہے اور اس میں مختلف رنگ موجود ہیں۔ مگر یہ رنگ قوس و قزح کے نہیں ہیں جنکی ترنگوں کے پھوٹنے سے چہار سمت اُمید اور خوشی کی کیفیت طاری ہو جاتی ہے۔

کردار نگاری کے اعتبار سے بھی یہ ناول نہایت اہم ہے۔ راشد نامی نوجوان ناول کا مرکزی کردار ہے۔ یہ کردار نہایت جاندار ہے اور اسی کی کشتی پر سوار ہو کر ناول نے اپنا پورا سفر طے کیا ہے۔ راشد متوسط یا نچلے متوسط طبقے کا ایک نوجوان ہے جو با کردار، محنتی اور تعلیم یافتہ ہے اور روزگار کی تلاش میں کبھی یہاں اور کبھی وہاں کا چکر لگا تا رہتا ہے۔ وہ غیر مستقل اور پرائیویٹ نوکریوں کے سہارے اپنی زندگی کو آگے بڑھانے میں پوری تگ و دو کے ساتھ گامزن ہے۔ بہت کوششوں کے بعد وہ قدیر ماموں کے توسط سے امریکہ پہنچتا ہے۔ اپنی مختلف ملازمتوں کے دوران وہ زندگی کے مختلف مشاہدوں اور تجربوں سے ہم کنار ہوتا ہے۔ اس صارفی دنیا میں جو نشیب وفراز ہیں اُن کا وہ سامنا کرتا ہے اور کبھی خوشی، کبھی غم کی کیفیات سے دو چار ہوتا رہتا ہے۔ اس ناول میں کئی ایسے ضمنی کردار ہیں جو ناول کی معنویت بڑھانے اور اسے ہمہ گیر بنانے میں نہایت اہم رول ادا کرتے ہیں۔ ان میں ایک کردار راشد کے والد کا ہے۔ وہ ایک غریب مگر صابر، تحمل پسند، انسانیت نواز، شریف النفس اور خدا ترس انسان ہیں جو موقع بہ موقع راشد کی رہنمائی کرتے رہتے ہیں۔ ان کے پاس جو غریب والدین اپنی لائق اور نالائق اولادوں کو بغرض تعلیم لے کر آتے ہیں۔ اس میں وہ اُن والدین کی حتی الامکان مدد کرتے ہیں اور انہیں کوچنگ میں پڑھانے پر راشد کو راضی کر لیتے ہیں۔ راشد بھی کسی سعادت مند اولاد کی طرح ان کے ہر حکم اور ان کی ہر خواہش پر اپنا سر جھکا دیتا ہے۔ ناول کا دوسرا اہم ضمنی کردار قدیر ماموں کا ہے۔ انہوں نے اپنی زندگی میں کامیابی حاصل کرنے اور امریکہ جیسے ترقی یافتہ ملک میں اپنے قدم جمانے کے لیے پٹنہ میں deputed ایک امریکی نژاد لائبریرین سے کورٹ میرج کر لی تا کہ امریکہ جیسی جنت میں وہ آباد ہو سکیں اور اپنی پیشانی پر امریکہ کا لیبل لگا سکیں قدید ماموں سے وابستہ جو کہانی ہے وہ جگہ جگہ انہیں خود غرض ثابت کرتی ہے۔ اس سے ان کے منفی چہرے سامنے آ جاتے ہیں۔ مگران کا کردار ناول کی ہمہ گیریت اور جاذبیت میں اضافہ کرتا ہے اور یہی وہ کردار ہے جس سے ناول میں افسانویت قائم ہوتی ہے۔ یوں تو یہ ناول مسلمانوں کا نوحہ یا ان کی سرگزشت معلوم ہوتا ہے۔ مگر اس سے انکار ممکن نہیں کہ اس نوحے میں بھی غم اور فکر کی جو لہر ہے اور اس سے جو سوز پیدا ہوتا ہے وہ اس ناول کو اس کے تقاضے اور مفاہیم سے ہم کنار کرتا ہے۔ تیسرا اہم ضمنی کردار سبکدوش امریکن پروفیسر کا ہے جو نہایت دانش ور اور باصلاحیت ہونے کے ساتھ ساتھ مخلص اور انسان دوست ہیں۔ پروفیسر کے کردار کی اہمیت اس طرح سے اور بڑھ جاتی ہے کہ ایک سچا امریکن ہونے کے باوجود انہوں نے امریکی حکومت کی پالیسیوں کے سامنے کبھی بھی اپنا سر نہیں جھکایا۔ وہ انسانیت میں یقین رکھتے ہیں۔ راشد سے گفتگو کے درمیان پروفیسر امریکی حکومت کی مراعات نہ لینے کے سلسلے سے کہتے ہیں۔

''بھائی، وہ تو کچھ نہیں کہیں گے، اُن کی ہمت ہی نہیں مگر میری زبان، میرا قلم ان کی مہربانیوں کے باعث خاموش ہوجائیں گے، صرف سوچ باقی رہے گی، وہ بھی زبان اور قلم کے بغیر زنگ آلود ہوجائے گی۔ ان سب کی پالیسیاں مجھے پسند نہیں بلکہ ان سے سخت اختلاف ہے۔......''

پروفیسر آگے بولتے ہیں۔

''بات یہ ہے بیٹے کہ ان کی اکثر پالیسیاں مجھے بالکل پسند نہیں اور مجھے کیا امریکہ کے زیادہ تر لوگوں کو پسند نہیں، مگر مجبوری یہ ہے کہ ہم ایک بار انہیں چُن کر اپنے ہاتھ کاٹ لیتے ہیں۔'' (ص ۳۱۷)

پروفیسر کی اسی صاف گوئی اور انسانیت نوازی نے راشد کو ان کا اس قدر گرویدہ کردیا کہ جب وہ امریکہ سے واپس آنے لگا تو اسے یوں محسوس ہوا کہ اگر وہ پروفیسر سے نہ ملتا تو اس کا امریکہ آنا بے معنی ہوتا۔ مذکورہ بالا تین اہم ضمنی کرداروں کے علاوہ ایک نہایت اہم کردار آفرین کا ہے۔ حالانکہ ناول میں اس کی مداخلت بہت کم ہوئی ہے مگر وہ راشد کے اعصاب پر اس قدر حاوی ہے کہ اسے ناول سے الگ کر کے نہیں دیکھا جاسکتا۔ آفرین، راشد کی خالہ زاد بہن ہے۔ ان دونوں کی پرورش ایک ہی گھر آنگن میں ہوئی ہے۔ راشد اسے پسند کرتا ہے اور اس سے محبت بھی کرتا ہے۔ وہ بذاتِ خود ایک خوبصورت، پُرکشش گھریلو لڑکی ہے۔ آفرین بھی اسے پسند کرتی ہے۔ مگر ان کی محبت حیا کی پروردہ ہے۔ راشد اپنی زندگی کی ہر بھاگ دوڑ میں آفرین کے نازک ہاتھ کا سہارا محسوس کرتا ہے اور امریکہ جانے سے پہلے ان دونوں کا رشتہ بھی طے ہوجاتا ہے۔ ہندوستان سے لے کر امریکہ تک وہ آفرین کو محسوس کرتے ہوئے زندگی کی شاہراہ پر گامزن ہے۔ مگر افسوس کہ ان دونوں کی محبت حقیقت میں نہیں بدلتی اور کہانی آدھی ہی رہ جاتی ہے۔ مندرجہ بالا کرداروں کے علاوہ کئی اور ایسے کردار ہیں جو ناول کی کہانی کو رفتار عطا کرتے ہیں۔ ان میں راشد سے پڑھنے کے لیے آنے والے وہ بچے بھی ہیں جو پڑھنے کے لیے کم اور وقت گزاری کے لیے زیادہ آتے ہیں۔ ایک قابلِ ذکر کردار قدیر ماموں کی پہلی بیوی امریکن لائبریرین کا ہے جسے امریکہ میں جمنے کے بعد قدیر ماموں چھوڑ دیتے ہیں۔ ایک اور قابلِ بیان کردار قدیر ماموں کی دوسری بیوی (جو ان کی خالہ زاد بہن ہیں) کا ہے جنہیں پاگل مشہور کر کے قدیر ماموں کمرے میں بند رکھتے تھے۔ پھر ان کے دو پوتے راحیل اور قبیل کا کردار بھی قابلِ ذکر ہے۔ ان معصوم کرداروں کے نفسیاتی پہلو پر کچھ روشنی ڈالی گئی ہے۔ ان کے علاوہ کالج کے دنوں کے چند کردار ہیں جن کی سازشوں کا وہ شکار ہوتا رہا۔ کمپنی کے منیجر کا کردار بھی اہم ہے۔ غرض یہ

سبھی کردار مل کر ناول کو ہمہ گیر اور ضخیم بنانے میں معاون ہوئے ہیں۔

زبان و بیان کے اعتبار سے بھی یہ ایک کامیاب ناول ہے۔ پورا ناول سادہ اور سہل انداز میں لکھا گیا ہے۔اس میں مصنف نے بیانیہ تکنیک اپنائی ہے۔ایک حد تک پیشہ وارانہ زبان سے بھی گریز کیا گیا ہے۔ عام بول چال کی گفتگو میں پورا ناول اپنے اختتام کو پہنچتا ہے۔اس میں جابہ جا گھریلو محاوروں اور روزمروں کا استعمال کیا گیا ہے جس سے فطری پن کے عناصر در آئے ہیں۔مصنف نے انسانی حسیب کی باریک سے باریک باتوں اور جزئیات کو اس طرح پیش کیا ہے کہ اسے پڑھتے ہوئے کیف و سرور بھی حاصل ہوتا ہے اور انسانی نفسیات اور اس کی سوچ و فکر پر سے ہٹتے ہوئے پردے سے ایک انجانا اور سہما سہما سا خوف بھی محسوس ہوتا ہے۔ دراصل مصنف نے انسان کے ذہن و دل کے باطن کو طشت از بام کر ڈالا ہے۔اس سے انسانی حرکات و سکنات پر مصنف کے گہرے فہم و شعور کا پتہ چلتا ہے۔مصنف نے اس قدر چابکدستی کے ساتھ کہانی کا نقشہ بیان کیا ہے کہ کہیں رکنے اور ٹھہرنے کی مہلت ہی نہیں ملتی۔ body languages کو بھی الفاظ کے لبادے میں خاطر خواہ طریقے سے پیش کیا گیا ہے جس سے ناول کی معنویت میں خاصا اضافہ ہو گیا ہے۔ حالات اور معاشرے کے پیش نظر جگہ جگہ انگریزی الفاظ بھی استعمال کیے گئے ہیں جو کہانی کی تفہیم میں مددگار ہیں۔حالانکہ ناول میں کہانی کے بیان کی رفتار تیز ہونے کے سبب کہیں کہیں املے کی غلطیاں اور تذکیر و تانیث کی اُلٹ پھیر سرزد ہو گئی ہے۔ بہرکیف واقعہ کی رفتار قاری کو اس میں زیادہ دیر اٹکنے نہیں دیتی۔کہانی کے ہر موڑ پر ایک نیا تجسّس موجود ہے جو قاری کو قرأت میں منہمک رکھتا ہے۔

غرض یہ ناول مسائل و موضوعات کے ساتھ ساتھ کردار نگاری اور زبان و بیان کے اعتبار سے بھی ایک کامیاب ناول ہے۔اس میں جہاں مسلمانوں کے بنیادی مسائل کو جگہ دی گئی ہے وہیں ہندوستانی سیاست کے کھوکھلے چہرے پر سے بھی نقاب اُٹھایا گیا ہے۔انسانی نفسیات کے باریک سے باریک پہلوؤں پر روشنی ڈالنے کے ساتھ ساتھ دہشت گردی جیسے عالمی مسئلے کو شامل کر کے ناول کو آفاقیت عطا کی گئی ہے۔